散文无界

工说工有理

关明·著

山西出版传媒集团 北岳文艺出版社

图书在版编目（CIP）数据

工说工有理 / 关明著. —太原：北岳文艺出版社，2016.9（2023.6 重印）

ISBN 978-7-5378-4897-8

Ⅰ.①工…Ⅱ.①关…Ⅲ.①时事评论－中国－文集Ⅳ.① D609.9-53

中国版本图书馆 CIP 数据核字（2016）第 212720 号

| 书　名：工说工有理 | 责任编辑：赵　婷 |
| 著　者：关　明 | 书籍设计：张永文 |

出版发行　　山西出版传媒集团·北岳文艺出版社
地　　址　　山西省太原市并州南路 57 号
邮　　编　　030012
电　　话　　0351-5628696（发行部）
　　　　　　0351-5628688（总编办）
传　　真　　0351-5628680
经 销 商　　新华书店
印刷装订　　山西万佳印业有限公司

开　　本　　787×1092　1/32
字　　数　　167 千字
印　　张　　12
版　　次　　2016 年 9 月第 1 版
印　　次　　2023 年 6 月山西第 2 次印刷
书　　号　　ISBN 978-7-5378-4897-8
定　　价　　38.00 元

本书版权为本社独家所有，未经本社同意不得转载、摘编或复制

写在前面

十年前我注册了一个博客,与其说是为了赶时髦,不如说是为了让自己显得不那么落伍。

不知不觉间,微博、微信等各种新生事物崛起,博客由盛而衰,慢慢变得有些荒芜落寞。我那博客的内容亦由当初酒后兴之所至的原创,慢慢变成了转载,到后来则干脆成了"剪贴板",把刊登在《工人日报》《当代劳模》杂志和上海《劳动报》等报刊上的一些时评贴过来。

前些天检视了一下,发现作品已达三百篇,而这个博客,竟然已经十岁了。

突然想起纳兰性德一句酸词:"已是十年踪迹十年心。"

于是想把这些篇什整理成册,用来纪念这个年龄大到可以去上学的博客。最早想起的一个名字是"博客十年",同时意喻我这个拼搏的过客,已经在北京混了十年。——不留神又想起陆游的酸词:"世味年来薄似纱,谁令骑马客京华……"

这里贴的多是时评文章,当记者二十多年,写了无数消息通讯,其实算起来,我最早的岗位是评论员,在《太原日报》评论部工作了三年多。虽说后来岗位变动,但还是有些职业后遗症,遇事免不了白话两句。新闻强调时效性,评论也存在同样的问题,失去时效的新闻是明日黄花,失去了当时语境的评论也显得有些货不对板。仔细检点那些篇章,有些当初立论的论据已经变化,有些言论呼吁的问题已经解决,也有些事情发展的结果甚至和当时的论点截然相反,这倒是个有趣的发现:如果以十年的长度来看,很多时评就像是在抽自己的嘴巴。

不是我不明白,而是这世界变化快。十年时间可以改变许多事情,唯一不变的就是变化。传媒行业,最初报刊纸风行,后来电脑兴风作浪,现在手机风头正盛,各领风骚没几年。博客刚推出时,算是新兴的自媒体,现在则是"两微一端"大行其道,可是,谁知道再过几年是什么样子呢?从可穿戴设备的发展势头来看,估计后之视今,犹如今之视昔。

然而,每个时代都会留下印痕,时评作为一种文体,可以解读为时代的某种注脚,我想还是尽量保持原来的面貌为好。就这样,把还看得下去的收拾一下,整理了近百篇,算是交代我从不惑到知天命的这十年。

编辑完毕,发现这些篇什中,居然还是以涉及工厂、工人、工会"三工"老本行的居多,故此名曰"工说工有理"。

关明

2016年8月

目录

酒中拾趣

酒精呼叫转移	/ 003
李白的赔本买卖	/ 005
从作风看酒风	/ 007
白酒贴上"土豪金"却让社会责任蒙尘	/ 009
好个诗家阮步兵	/ 011
那些被导演的感情	/ 013
我们曾笑得如此冷漠	/ 015
闲暇种种	/ 017
按公示意见办	/ 019
谁肯"假扮"农民工	/ 020

世相百态

"大师"辈出为哪般	/ 025
他们污染了人类的良知	/ 027
精怪横行,悟空何在?	/ 030

监管部门出来"走两步"	/ 033
新一年的爱国主义	/ 035
坚决要与国际接轨	/ 037
沟通种种	/ 039
黄老师好	/ 041
离考试越近，离生活越远——给孩子作文写序	/ 047
果真一字也改不得？	/ 049
收藏情谊 淡泊名家	/ 051
那只名叫貔貅的家伙	/ 053
谈女娲说曹操吊屈原	/ 055
陈陈相因"茶文化"	/ 057

山河千里

不屈的沁源	/ 061
黑城记	/ 069
居延海	/ 072
胡杨林	/ 074
"强拆"山水，天理难容	/ 076
含泪劝告林州百姓	/ 078
周黑鸭凭什么？	/ 080

剪径种种	/082
谁让你去的	/084
这一张假船票能否登上你的贼船	/086
盖不完的教堂，赎不完的罪	/088
无所适从的"替罪雨"	/091
狗不叫，性乃迁	/093
无趣的"讨价还价"	/096

众生万象

让领导飞到哪里去？	/101
从"非典"到无盐	/103
万一真的炸了	/105
莫让真相总"悬浮"	/107
谁来破解"达芬奇密码"？	/109
海底捞你学不学	/111
可耻的"奴工生产线"	/114
羊毛出在谁身上	/116
抓壮丁赔上了王保长	/119
到底能不能"看心情工作"？	/121
巴别塔是怎样建不成的	/123

怀念"君子锁"	/ 125
谁让我们"下班沉默"?	/ 127
我是不是我	/ 129
娘的传人	/ 131
破解"生死状",先当环卫工	/ 133
别让"临时工"再背黑锅了	/ 135
《工伤保险条例》不是"催命符"	/ 137
用法治思维破解高龄农民工"打工困境"	/ 140
取消"农民工"称谓重在解决农民工问题	/ 142
对职工的"精神维权"同样重要	/ 145
让乡村教师同享"教育公平"	/ 147
一纸婚书	/ 150
给我一场"隆中对",还你一个"五丈原"	/ 153

网络无界

"元芳"的看法	/ 159
瘦狗诉古狗	/ 162
当苹果来到东土大唐	/ 164
夏洛的网	/ 166
不团圆的中秋节	/ 169

怀念绅士风度　　　　　　　　　　　　/ 171
珍藏一份工业记忆　　　　　　　　　　/ 173
戒了微博，看书去　　　　　　　　　　/ 176

酒中拾趣

酒精呼叫转移

通常来说，当大家酒后谈论起电视剧《北风那个吹》，而我以为编剧的名字叫北风的时候，肯定是喝高了。

只是这一次，却高得不知不觉。那场酒局中我记得给一个哥们打了一个电话，事后问起，他却说打了三个，我不相信。但是对方与我方都有人证明，确是三个。那么，三减一等于二，有两个电话竟然在我记忆中消失了。

这一吃惊非同小可——那么，除了这两个电话，我还说过什么荒唐话做过什么荒唐事？

我是一向自诩为能做到酒后不乱的，虽有时免不了在路边抱树扶墙，但从没有在桌上就闹起来。事后的回忆，也还相对完整。但这次的事实告诉我，神话破灭了。只要是神话，就总有破灭的一天；只要是喝酒，总有醉倒的那一回，这该是意料之中的事。

只是次日醒来恍然忆起，开始思考酒精的功能。有一次我们开玩笑，说要像《爱情呼叫转移》那样，写它一部《酒精呼叫转移》，把喝酒的那点趣事臭事写出来，一定会很精彩。那么，酒精到底替我、替像我这样的人们转移了些什么，都转到哪里去了？

最直接的显然转移到了卫生间，抱着马桶伴着冲水声去得无影无踪，比这还近的连卫生间也来不及去，就在路边解决了，或者在桌上现场直播。第二天想起，一顿酒白喝。

最暴力的转移为一顿拳脚，如历史上武松醉后打老虎（杀害野生动物)、打蒋门神（替另一伙黑社会报复农民企业家）。我有一位朋友平时才华横溢，只是不该某天酒后失手打了人，偏偏被打的还是个大人物，结果费了好大力气才混上的七品官被一抹到底。

最浪漫的显然是转移为文字。李白斗酒诗百篇的投入产出比，明摆着是一笔合算的买卖；陶渊明的饮酒组诗，更是有种真性情；在赤壁曾看过苏东坡的一篇文章手迹，开头写得工工整整，到后来越写越乱，最后四个字是"东坡醉矣"。此类事例，多得不胜枚举。比如辛弃疾先生，喝完了酒还骂酒一顿——

> 杯汝来前，老子今朝，点检形骸。甚长年抱渴，咽如焦釜；于今喜睡，气似奔雷。汝说刘伶，古今达者，醉后何妨死便埋。浑如此，叹汝于知己，真少恩哉！
>
> 更凭歌舞为媒，算合作平居鸩毒猜。况怨无大小，生于所爱；物无美恶，过则为灾。与汝成言，勿留亟退，吾力犹能肆汝杯。杯再拜道：麾之即去，招则须来。

当然，骂过了之后，免不了接着再喝。

最悲情的转移为眼泪。如"酒入愁肠，化作相思泪"等等，只是显得有些小家子气。而阮籍先生酒后驾驶，开一辆牛B牌越野车，不择路而行，走到途穷处，放声一哭，直让人寒彻心肺。

最不着调的，可能就是像我这样的，转移为失忆。啥也没有弄清楚，就醉过去了。

得了，既然醉不出个门道，哪里都转不过去，还是痛改前非，戒酒吧。

2009 年 3 月

李白的赔本买卖

与百姓生活关系比较密切的,最贵的液体是汽油,比汽油还贵的液体是白酒。

汽油价格一路飞涨,原因我们可以理解——虽说成本构成看不懂,但浅显的道理还是懂的——起码康菲公司在那么长的时间里,溢了那么多的油,这笔损失总要平摊到成本里去。

只是这白酒涨价让人有些看不明白。按理说,构成它主要成本的原料——高粱和水的价格都未见明显上涨,但是有关资料显示,在中秋节前五粮液的零售价格突涨到了接近千元,茅台的价格则涨到了两千元以上。此刻,距年初发改委约谈白酒企业要求价格"维稳"尚不足半年。

从经济学上讲,产品的价格变动主要受供求关系的影响,属于愿打愿挨的事。对于底层百姓如农民工而言,这两样皆非生活必需品:汽油涨价,反正也没车开;白酒涨价,戒了不喝便是。既然涨价势不可当,我们的选择只有逆来顺受。

但我却没来由地替古人担心起来,比如说,李白。这位唐朝的文学工作者最著名的POSE便是"李白斗酒诗百篇,长安市上酒家眠。天子呼来不上船,自称臣是酒中仙"。这倒是从一个侧面说明,当年写诗的"投入产出比"还是很高的,难怪他可以那么牛。

这事放到今天恐怕会是另一种景象。按照考证中的"斗酒"约两千毫升计算,考虑到酒精度数换算,据说这酒量大约相当于今天的两瓶茅台——大约得花四千元左右。写出的那一百首诗,按时下的稿费标准,据说可以得到三千多元。也就是说，如果不扣个税的话，他每进行一次文学创作净亏损一千元。如果他仍然执迷不悟，醉心写作，最有可能的结果就是"五花马、千金裘，呼儿将出换美酒"——穷得把衣服都当掉。

至于那连诗也写不出的酒鬼刘伶，活到如今怕是茅台喝不起，只配喝些土制假酒，所以酒精中毒昏迷几天，就是意料之中的事。当年他给仆人发把铁锹，声称"死便埋我"，不过扮酷而已。放到今天，也许真的就埋掉了——谁能保证他喝的不是甲醇？

绕了半天，其实只想弱弱地说明一个道理：负责生产上述这两种液体的企业，除了赚大钱之外，多少也负担着一些社会责任——比如，繁荣文艺创作什么的。想想这些，不知道他们下次涨价的时候，会不会厚道一点。

2011 年 9 月

从作风看酒风

新的一年来到了,辞旧迎新是个高兴事。一般来说,遇到高兴事总不免喝两杯,当然遇上不高兴事兴许也会喝两杯的,滋味不同,放过不提。

只是今年有些特殊,酒的话题比往年更受关注。年前著名的酒鬼酒被检出塑化剂超标,紧接着更著名的茅台酒又被一名好事者送到香港去检了一回,据说也检出了那物事。茅台酒厂忙不迭地开了个新闻发布会,找了位专家来辟谣,说大家放心,只有达到每天大喝一斤的剂量,那塑化剂才显效。话音未落,贯彻中央改进作风"八项规定",中央军委做出决定,工作接待禁止饮酒。文件发布的第二天,茅台股票应声下跌,市值挥发上百亿元。早知如此,那发布会不开也罢。

酒鬼公司至今不肯召回那些出了事的"野鬼",其他各酒厂也装聋作哑,无非全仗着咱老百姓身体好记性差,加之当今社会热点多,没准过几天就把这事忘了。而中央规定之所以立竿见影,显然是军令如山,军中无戏言。新年前后的这段日子,酒厂和酒鬼们心里有些添堵,也是可以理解的,况且这事,于国于民都应该算作好事。卖炭翁为了生计"心忧炭贱愿天寒"让人同情,酒厂为了利益而希望"天下酒鬼俱欢颜",就很不厚道。

酒的历史源远流长,几乎与人类历史同行。据说人类贪酒是有遗传基因起作用的,远古时代,还不是人类的猿人们闻到熟透的果实散发出乙醇气味,就知道这意味着食物和安全。千百年来这基因一直在表达着自身的存在。文人是要喝酒的，"李白斗酒诗百篇，自称臣是酒中仙"；武将是要喝酒的，"醉卧沙场君莫笑，古来征战几人回"（醉成这样子上战场，想回来也难）；不文不武的人也是要喝酒的，刘伶抱一坛酒，给随从一把锹，说"死便埋我"，居然一直没有死掉，可见当年的酒里甲醇或者塑化剂还是添得太少。

我虽时有小酌，却一直没有搞明白一个问题：喝酒到底是图个什么？平时不敢说的话，酒后可以放肆说了——但酒后醉话又有什么用？酒前不敢做的事，酒后可以大胆做了——已喝成这样你还能做什么？平时不敢骂的人，酒后可以壮胆去骂——漫说人家不与你醉鬼计较，更何况到酒醒，往往后悔的还是你自己。我认识一位老兄，在酒场上当面痛斥一位大领导，及至第二天醒后，忙不迭地道歉不已，并且足足戒了半年的酒。

想来想去，喝酒这事，大多时候不过应酬二字，前一段网曝某位接待干部一天泡八次澡，这是极品，但一天喝三五顿酒的干部，我确实见过不少。说起来都烦这一套，但到了场面上，该喝还得喝。

酒场俗话说，从酒风看作风，从酒品看人品，从酒量看胆量。其实这话也可以倒着说，从作风看酒风，大体也是不差的。如果作风能够真正好转，想来酒风也能相应地清正。从涉酒诸条禁令来看，酒是没错的，出毛病的是贪酒的人；正如同钱是没有错的，问题总是出在贪污受贿的人一样。李白《月下独酌》云："天若不爱酒，酒星不在天。地若不爱酒，地应无酒泉。天地既爱酒，饮酒不愧天。"

2013 年 1 月

白酒贴上"土豪金"却让社会责任蒙尘

近日,国家卫计委官网刊登了《关于征求拟批准金箔为食品添加剂新品种意见的函》,拟批准金箔为食品添加剂新品种,开始征求各相关单位意见并向社会征求意见。该函件显示,允许金箔作为食品添加剂的产品仅为白酒,最大使用量为每公斤 0.02 克。据称,此法是将纯度为 99.99% 纯金以物理方式将其汽化,使其均匀分散成小分子,再重新堆栈排列以形成食品添加剂金箔。至于为何在白酒中添加金箔以及添加金箔的好处,函件未曾提及。

也许因为这标题过于引人注目,让媒体找到了金闪闪的话题,纷纷跟进热议。话题无非集中在几个方面:安全吗?必要吗?有用吗?值钱吗?

从讨论结果来看,安全性应该问题不大。虽说古代文学作品中时有吞金自尽的情节描写,但从理化性质来说,黄金确实是一种性状十分稳定的金属。能够溶解黄金的,大约只有一种浓盐酸和浓硝酸以 3:1 比例配成的名叫王水的溶液,我们在电影《黄金大劫案》见过它的风姿。人体胃中那点可怜的胃酸显然奈何它不得,所以料定不会起什么化学反应。

针对有效性这个话题,有人搬出《本草纲目》记载:"食金,镇精神、坚骨髓、通利五脏邪气,服之神仙。以箔入丸散服,破冷气,除风。"但是从科学上讲,怕是也靠不住。理由同上——黄金性质如此之稳定,恐怕只有酒肉穿肠过,金箔化肥料的结果。而且更恐怕是作肥料而不得,被回收重复利用的可能性倒是很大。

至于价值,有细心人算了笔账,按卫计委征求意见稿,500 克装白酒添加金箔量最多 0.01 克，以目前黄金原料价格计，一瓶白酒新增黄金原料成本不过 2 元多钱。显然也增加不了多少成本。

既然如此，那么你说它还有必要吗？何况，原卫生部曾明确表示，金箔既不是酒类食品的生产原料，也不能作为食品添加剂使用。专家也说从营养学的角度看，目前已确定人体必要的元素有二十多种，其中不包括金。

可是，为什么这提议就这样堂而皇之地冒出来了呢？显然，醉翁之意不在酒，而在乎"金""睛"之间也。明眼人都可以看出来，其用处无非在两个方面：一为"吸睛"，二为"吸金"。

这些年白酒行业为吸引眼球，各种营销手段轮番使用了不少，广告轰炸、事件营销、新闻大战……现在又出了这块"金字招牌"，也在意料之中。盖因黄金总是和高贵联系起来的，从那些"金碧辉煌、金枝玉叶、再塑金身"之类的词就可以看出来。虽说一瓶金箔酒只增加了 2 块钱成本，但沾了个金字，售价则可翻几番，在网上搜索"金箔酒"，一下子找到四十多款，个个高端大气上档次。同一品牌的酒，平常只要几十元，而添加金箔的价格要达到三百多元，更高端的则达到数千元。不禁让人浮想联翩，想起刚被杀得差不多的"四风"。

但是有一点似乎被忽视了，那就是在这身价百倍、"金光闪闪"的背后，有可能助长消费浮夸，引导不良消费习俗。黄金可以让人有钱，却并不能使人高贵，我们见过一些珠光宝气，浑身戴满了金饰品的妇女，并未见其身价有多高，反而觉得俗不可耐。

市场经济是法治经济，从金箔添加剂开始征求意见这点上看，有关部门还是明白的。同时，市场经济亦是道德经济，这点显然重视的程度还不够。企业不仅是商品生产者，还承担着社会责任，而且这一责任的"含金量"应该更高才是。从这个意义上，白酒贴上"土豪金"，提升了身价却让社会责任蒙尘。况且，"天价月饼、天价粽子"殷鉴不远，如果事态发展失控，进入了纪委的视线，那么后果就可想而知了。

2015 年 2 月

好个诗家阮步兵

中石化"天价酒"事件已被炒得沸反盈天,网上一曲改编的《我为祖国喝茅台》,词曲诙谐,顷刻走红。最近的进展是调查组进驻,涉事公司的老总被停职了。

这条消息一出,马上让我联想到大约两周之前,发改委约谈白酒企业,对前段时间白酒轮番涨价提出警告,要求酒价维稳。不过依我看来,这番良苦用心一定会落空——有如此位尊而多金的衣食父母、米饭帮主,不去涨价狠赚他一笔,简直都没有天理。

我辈升斗小民,管不了价格大事,只是免不了要喝酒或开车(是或,不是和——向交警说明),当然要受这两大液体制造商的双重盘剥。情急之下,就想起了阮籍这老爷子。

魏晋之时,阮大人先生与另外六个酒鬼号称"竹林七贤",不参与任何政事,也不臧否任何人物,只是每天喝酒嗑药。这老爷子是酒后驾驶的先辈,常在大醉之后驾一辆牛车,漫无目的随意行驶,行到途穷处,放声一哭。司马昭想把自家姑娘嫁给他,他不惜大醉六十天来逃婚。谁知突然有一天,他竟找到组织部门,说想去当个不大的官——步兵校尉。原因呢,竟然是听说步兵营厨善酿,藏有好酒三百斛。后来没有听说他为当朝步兵事业做出过多大贡献,大约是利用职权把好酒喝完,再没有酒水可捞就辞职不干了。

如此风度,千载之下仍让人击节一叹。面对着中石化天量天价的茅台拉菲,在下也不免生出些投靠之心——诚如是,俺一定喝完就走,而且保证在任职期间不涨一分油价。

石化双雄近些年来名声不佳,年年哭穷,年年涨价,又年年出些负面新闻,例如去年的天价吊灯,以及在此之前被查处的老总一掷万金,等等。不仅如此,他们还让发改委跟着受连累——只要一调油价,不是掉飞机就是闹地震的。

石化是国有企业,自然使命重大;咱们百姓也是国有百姓,最是听话。所以不管油价再涨,该加的油还是要照加,该赚的钱也还是让中石化赚到。只是有一点,国企赚到的钱按说总该花到国民身上,这些年却没听说他们有过什么惠民行动;国企花的钱,从理论上也该向国民说个清楚,但这些年来不独我们,若不是这次事发,恐怕连他们自己的员工也未必知情。顺便说一句,在石油石化内部,也不是人人富得流油,前些年我曾采访过"大漠深处把井打"的采油工人,收入并没有我们想象得那么高。

赚钱没错,只要是合法经营,想怎么赚就怎么赚;花钱也没错,只要是合法收入,想怎么花就怎么花。在我看来,中石化是家诚实的企业,从来没有向油里掺加过三聚氰胺和瘦肉精什么的,他们不需要费那么大力气赚这几个小钱。如果允许的话,我们只想提几条合理化建议。第一条就是,赚钱之余,如果再讲一点社会责任,就更好了。尽管他们每年也发布社会责任报告,只是对社会责任的理解,还需进一步深化。

还有一条就是,这次"天价酒"事发之后,石化方面做出的解释很不给力,把它归于"非油品经营"或急忙把酒卖掉,均非上策。我可以献上一计:不如直接痛快承认,就说给劳模、给职工喝了,要怎么着?如果再大张旗鼓开个表彰会,真的给劳模们喝一场,"今日啊痛饮庆功酒,明日啊长征劲百倍","今日痛饮庆功酒,壮志未酬誓不休","临行喝妈一碗酒,浑身是胆雄赳赳"……看他们谁来敢说个不字?

只是不知兄弟如此公关高才,会不会引起石化领导重视,真的把我调将过去?想来不会的——对待百姓,石化向来心如化石,要不他们怎么会连我这样的拙计都想不到。

2011 年 4 月

那些被导演的感情

长期以来，我判断电视节目的真假有一条相当简单的标准：凡是节目后面有导演名字的，那就是假的。当然，反之也不一定就是真的。

显然这年头假的太多而真的太少，各种晚会上的假唱早已成为公开的秘密，观众们早已懒得追究——反正也就是在电视里看看，那图像也不是真人。

也许正因为如此，许多地方台的情感类节目一度因其"逼真"而获得不菲的收视率。这些节目里也的确说出了一些例如"宁可在宝马车里哭，也不在自行车后面笑"之类的"真话"，但我看到那节目后面出现导演二字以后，依然固执地认为，看此类节目中那些男女的言行做派，不仅应当归打假办管，而且简直应当归扫黄办管。

毋谓言之不预也，这不，有人开始对这类节目"起底"了。《华西都市报》载，某电视台《情感密码》栏目播出一期《我给儿子当孙子》的节目，片中的不孝子激怒了观众。节目播出后，人们开始对那厮展开了"人肉搜索"，想不到那"儿子"却主动找到媒体，爆出自己只是一家传媒公司花钱雇的临时演员"演的一场戏"而已。而且据报道，该节目工作人员还曾表示："情感类节目不是新闻类节目。如果当事人不愿意出演，是允许找演员扮演的。这在业内是通行的做法。"

如果这节目前面打上一行"本片纯属虚构，望勿对号入座"的提示，那么这"通行的做法"自然不会有人说三道四。可是往往，这些节目大多是打着"真情""苦情"的招牌，许多不明真相的观众也往往信以为真，却不知道自己原来被忽悠了。本来怀着一腔真情，想与电视里那些看上去像街坊的人物同喜同悲，但没有想到，他们的感情和自己的情感通通被导演给导演了。

  说实在的，我其实确实生出过几分同情，那些"洒狗血"的导演们也是迫于无奈——搞不出真的来，只好弄假的。就像前几年有位法官审问造假的农民："为什么造假？"答曰："造不出真的么！"何况正如那歌里唱的："人生本是一出戏，不知谁能躲得过去。"既然躲不过去，那么只好奉劝观众朋友们多长个心眼，分辨真假之时，除了本文开头说的那一条外，还需注意，什么事情只要看上去完善到太像真的，那就一定是假的。

  人家那么多的编辑、导演、摄像、美术、录制人员加上演员，费了那么大的力气，不过是想哄您一乐，您要是明白了这一点，也不妨配合一下，一笑置之。只是回到生活中，真的需要付出感情的时候，切不可像电视里那样自己骗来骗去。虽说每个人都是生活的导演，但你可以骗得了别人，却骗不了自己。

2011 年 9 月

我们曾笑得如此冷漠

《春节七天乐》重播了过去春晚中一些影响巨大、流传久远的明日黄花，一不留神我又重温了一遍黄宏、宋丹丹的《超生游击队》以及黄宏、严顺开的《超生游击队》续集，听到当年的笑声一片，突然感到一股凉意从心里泛出。

可怜的黄宏和宋丹丹，为了多生个孩子，不远千里，从"海南岛"跑到"吐鲁番"，再流浪到"少林寺"，为了生计男的弹棉花女的钉鞋掌，生活的窘迫、"小脚侦缉队"的追击，把孩子养得"个顶个的葱芯绿"。在生活中，他们的境况值得我们发一长叹，将他们加入送温暖的名单之中，在舞台上，他们的表演却引来观众不停的笑声——这笑声是如此冷漠。

黄宏们的遭遇从农村的那些"暴力口号中"就可以看出端倪：

一人超生，全村结扎！
一人结扎，全家光荣！
该扎不扎，见了就抓。
见证怀孕，持证生育！
谁不实行计划生育，就叫他家破人亡。
喝药不夺瓶，上吊就给绳。
……

在这样的计生狠招之下,黄宏们想不到处游击也实在是难上加难。也难怪一些别有用心的外国人攻击中国的计生政策——我们都给人家表演到台上了。

我不知道黄宏他们家那些"游击"的孩子长大后对社会是什么样的心态,只知道作为观众,我们的笑声与当前和谐的主旨是很不和谐的。

回味往事不只有骄傲、光荣与感慨,很多时候也会让我们脸红,而当年,我们确实如此冷漠地笑过。

2008 年 2 月

闲暇种种

闲暇，是个令人神往的字眼，但我遇到的闲暇往往变了味。君若不信，由是观之。

其一，吾友赵伯，年届半百，工厂工作多年，一朝被开回家，多年被教育做"螺丝钉"，别无长技，就业无门，虽离退休还远，从此开始享受"闲暇"时光。他这种人，社会上有种说法，叫"4050"人员。

其二，吾友钱仲，年纪轻轻，上小学中学而至大学，读学士硕士而至博士，然而职场屡屡碰壁，盖因说不得假话做不得假账，一身呆气也，只好学富五车，"闲暇"至今，自解嘲道，如今"海归"还当"海待"呢。

其三，吾友孙叔，年富力强，终日职场打拼，终于积劳成疾，入院，花费了高额的检查、治疗、红包等种种费用，挨了手术刀、爱克斯刀、伽马刀等诸刀后，家破人存，不得不丢了工作，从此"闲暇"。

其四，吾友李季，农民工也，辛苦搬砖和泥扛麻袋一年，到年根包工头携款而逃，讨不到工钱的李季爬上自己盖好的楼顶喊冤，被警察拿下，拘留"闲暇"七天，还被媒体斥之为"跳楼秀"。

其五，吾友周五，乃李季老乡，同样在建筑工地卖苦力，同样被骗拿不到工钱，不同的是他乃持刀抢劫了老板，被警察全国通缉。天网恢恢，疏而不漏，不久落网，被判有期"闲暇"一十八年。他道，终于有了一个能吃饱饭的地方。

其六，吾友魏翔，按排行实为魏小六也，某大学教授，苦心孤诣多年，研究出惊世结论——中国人的闲暇时间已超英赶美。我的朋友中，只有他一人是闲来生事，吃饱了撑的。

2006 年 10 月

按公示意见办

公路局长变成了技术员、财政局长变成了会计师、交通局长变成了养护工、企业经理变成了工程师。这不是这些领导犯了错误,而是河南省某县在评选劳模前夕的公示材料。这些领导"降职使用",是为了当上劳模或拿到五一劳动奖章——这评选对领导干部职务限制是相当严格的。

河南省总工会早有规定,在五一劳动奖章评选中,一线职工要占到50%以上,科技人员不少于20%,副厅级以上领导不得参评,县处级从严掌握。规定可谓严格,然而上有政策下有对策,硬规定遇上多面手,怎奈这些候选人都有一定的专业职称,穿上军装就是八路,脱下军装就是老百姓,能官能民、亦官亦民,像个变脸大师,实在是神通广大得很。

当老百姓的,没有回扣可收,没有红包可拿,没有权力可享,只有劳动和奉献。可是,对于表彰他们劳动奉献的奖章,也要有当官的来争来抢。那些当官的平日过着舒服日子,而到此时又与民争利,简直就像那些开了私家汽车去领取"低保"的一样不厚道。

好在有了公示制度,也就为解决此类问题提供了一条途径,上级领导只需看看公示榜,对其职务做出批示:"按公示意见办。"让他从此当老百姓去,不知意下如何?

2006 年 6 月

谁肯"假扮"农民工

大千世界最近很是热闹,新近发生的几起"假扮"事件让人不知该哭还是该笑。

先说一起假扮记者的,山西吕梁新闻出版部门一次查获了八十多名假扮的记者,其中大多数是利用记者的身份敲诈当地企业。这事说不清是在给真记者同行们长脸还是丢脸,他们中的大部分,还是如愿以偿——不同程度地敲诈成功了。

这让我想起了十多年前,记得有一位某省的领导,"到报社办了一个记者证",扮作记者到市场上了解情况,对了解到的服务差劲、质量低劣等问题,再亮出领导身份来痛加解决。这本是件有些微服私访味道的佳话,可是却引起了我的反感,写了篇文稿质问记者身份怎么可以假冒,假如有哪个记者"乔装成领导"又当如何,当然这稿子没发出来,因为我的报社的领导也是领导。

十多年后我的预言终于实现了,就在山西查获假冒记者前后,上海与河北也联手查获了一起假扮领导的——假扮的还不是小领导,而是中纪委的干部。这位河北老兄假冒中纪委工作人员,写恐吓信勒索上海的干部。具体勒索了多少钱新闻里没有说,不过从他被抓获来看,显然是犯罪既遂了。

其实我知道这已不算新闻了,我们公安机关查获的骗子,多是假扮领导干部或高干子女。查获的算倒霉,没查获的还不知有多少。问题在于,如果我们再深入问一句:假如这些人果真是记者、果真是领导,结果又当何如?

前些年有位冒充高干子弟骗吃骗喝的,风光了一阵被抓了被判了,这小子对法官说了句话很让高干们汗颜。他说:"我唯一的错误就在于我是假的,如果我是真的就不会坐在法庭上了。"这话也让我们平头百姓受启发——原来真高干子女是这样的。

有位哲人说过社会是个大舞台,人人都在扮演自己的角色。这哲人还哲得不够,他说这话时显然没有想到有人会像以上那样去扮演。我可是知道的,在我还小的时候,做游戏总想扮作八路,而让别的孩子去扮演鬼子,当然对方也有不干的时候,那就打起来,结果八路鬼子各有胜负,游戏也就到此结束——扮演的八路和鬼子也本来就是要打仗的。

长大了才发现很多大人的智商停留在我小时候的水平上,总想自己当八路而让别人扮鬼子。于是我们发现有很多人喜欢扮作领导、扮作记者、扮作城管人员、扮作其他有权有势自以为一贯正确的角色,从来没有人扮作农民或农民工,这样的角色需要本色演员,城里人想扮也扮不好。

如果严肃起来,认真地说一句。只有从根本上解决真记者、真领导的问题,才能消灭假记者、假领导们赖以生存的土壤,才能净化我们的社会空气,才能建设诚信友爱的和谐社会。

2006 年 11 月

世相百态

"大师"辈出为哪般

最近又一位"大师"火了起来。在沉寂了多年之后，由于一位成功商人和著名演员的拜访，江西的王林大师以及他周围的若干政商人士再度被推到了公众面前，引发一系列"隔空戳人"的微博骂战，剧情堪称狗血淋漓。

我对这类"大师"的神功一向是不信的。前些日子一位经梧太极的高手阎芳，在视频中把她的弟子们隔空打得像猴儿般跳，我就直接给看成了耍猴的。王林大师和阎芳大师都说过同样意思的话，这般功夫须信则灵，需要有一定的修炼基础才成，也就是说挨打也得有一定功夫方能被打得出百般花样。如其这样，我等还是不去自讨苦吃了吧。

20世纪80年代，各类气功风行祖国大地。我曾经躬逢其盛，至今对其印象深刻。遥想当年，"中功"教主张宏堡号称在长安街一路绿灯，油不够了还可以把别人车上的抓到自己油箱里；"自然功"女大仙张香玉说得一口流利的"宇宙语"，绝不重复；还有佛子张小平、大师严新等风靡一时，号称可以发功灭了大兴安岭的森林山火。我是个热爱学习的人，也想为护林防火和人民健康做贡献，因此有那么一段时间，看过几乎所有大师的著作，听过他们"带功报告"的玉音，还亲临现场听过一场"香功"报告会，台上的大师让座下信众认真分辨，说此刻正有香气袭来。偏巧我坐的地方靠近剧场厕所，不仅没有香气，反而臭气扑鼻。从此我认定自己资质愚钝，怕是与神功无缘。盖因每种气功修炼时，第一项都要你意守丹田，万念俱静，什么都不想——这一点我就做不到——每次总在想着"哥们在练功呢"这层意思。所以,凡遇到号称开了"天眼"、上了层次的功友,也就狠狠地佩服过几回。

直到有一天遇见司马南,我才转变看法。有一次采访,遇到当时也在报社当记者的司马南同行,聊了一下午,看了他的一盘"神功内幕"录像带,才将内中各种把戏搞个清楚——原来是拿三流魔术手段蒙我们哪。后来我写了一篇通讯《一位专门"拆庙"的气功师》,发了一整版在我当时供职的报纸上,还引来若干神功爱好者的抗议。再后来,那些"大师"们渐渐地消停了,这事才算过去。现在回想起来,当年居然有人相信发功可以灭掉大兴安岭的山火,着实是件可笑的事。还有,想起当年那几位书都没有念过的大师煞有介事地"预测"火箭发射,我们在旁边还二百五一样地点头,也算愚钝得可以。

现在想来,以我等的教育程度,在社会上亦可算中等之才,在神功与大师的问题上尚有曲折经历,那么程度不如我们的普通民众,上几次当也情有可原。我想不明白的是马大老板和赵大明星的做派。赵小姐演电影的,不学无术也就罢了,可是马老板的成功与修为当远在王"大师"之上,怎么也犯此种低级错误,去信一个三十年前都不入流的骗子?来回想了几次,觉得这事可能还真不怪王林,那些成功的政商人士在某些方面可以大获成功,但并不代表他就具备了基本的科学素养。前段时间有个机构做过一次民众的科学素养调查,得到一个极低的数字。这很难看,但却真实。

多少年过去,具象的"神功"算是基本绝迹了,可另一类思想的"神功"又开始盛行,那就是各类"成功学",各种励志格言和心灵鸡汤。我有过之前的经验之后,如今只要遇到在微博微信上兜售心灵鸡汤的,立马一概拒绝,管他打的名号是外国洋大人还是西域的大师堪布仁波切。试想你自己如今年纪一大把的时候,还需要那些心灵鸡汤的喂养,那可以断定你这人基本上没救了——不会自己吃饭,给你一池子鸡汤游泳都没用。

2013 年 8 月

他们污染了人类的良知

在最早羞答答披露"某品牌"奶粉致婴儿肾结石的案件时,我们就在追问:"某品牌"到底是哪个?结果我们很快知道了,是三鹿旗下的一个品种。"皇帝专业户"张国立的老婆、明星邓婕还给这个品种做过广告,不知道他们的孩子是不是吃过这奶粉,鉴于这两口子在银幕上演的都是些狠角色,我也不敢多问。

现在出事了,从卫生部"高度怀疑"其奶粉受到三聚氰胺"污染"开始,一反事前的长期推诿和语焉不详,三鹿只用了不到三天的时间就查明了事件原委。原来是"不法奶农"往鲜奶里掺了三聚氰胺。

如果顺着这个逻辑可以推下去,那么下面可以预料的是:奶农会声称"不法奶牛"食用了三聚氰胺造成奶液"污染";奶牛也可以表白是"不法青草"中含有三聚氰胺,本牛也是受害者;而青草完全可以理直气壮地说,都是化肥惹的祸——这就对了,生产三聚氰胺的主要原料正是尿素。

我们又知道了一个新名词:三聚氰胺。只是我用五笔字型打这个"氰"字时,冒出的首选词组却总是另一个词"撕心裂肺"。

三聚氰胺(melamine),又叫蜜胺,学名1,3,5-三嗪-2,4,6-三胺,或称为2,4,6-三氨基-1,3,5-三嗪,是一种重要的化工原料,主要用于生成三聚氰胺-甲醛树脂,生产塑料,这种塑料,耐水、耐热、耐老化、耐电弧、耐化学腐蚀,有良好的绝缘性能和机械强度,是木材、涂料、造纸、纺织、皮革、电器等不可缺少的原料。它还可以用来做胶水和阻燃剂，也被用来制造化肥。

这种怎么着也和奶制品不沾边的化学原料是如何"污染"了奶粉的，不是内行还真看不明白。原来三聚氰胺的最大的特点是含氮量很高（66%），生产成本很低。这种高的含氮量有一个作用，可以"虚增"蛋白质含量。原来食品工业中常常需要测定食品的蛋白质含量，由于直接测量蛋白质技术上比较复杂，所以常用一种叫作凯氏定氮法（kjeldahl method）的方法，通过测定氮原子的含量来间接推算食品中蛋白质的含量。由于三聚氰胺与蛋白质相比含有更多的氮原子，所以添加在食品中以造成食品蛋白质含量较高的假象。于是这种东西有了一个形象的名字："蛋白精。"

我们还搞不明白，从现有资料看，三鹿已查封了七百吨有问题的奶粉，这么庞大的数量需要有多少"不法奶农"齐心协力地工作多长时间，才能把三聚氰胺掺足数量。但我们知道，这事已不是第一次发生了。2007年3月，加拿大一宠物食品厂家因其原料涉嫌污染导致猫狗宠物死亡。后经美国FDA调查发现，涉嫌污染产品使用了从中国进口的小麦蛋白粉和大米蛋白粉，其中含有三聚氰胺和三聚氰酸。据说当时美国人发现三聚氰胺后百思不得其解，不知道为啥添加这玩意，还以为是老鼠药污染造成的，怀疑中国粮食仓库看管不严。后来才明白这食品中添加三聚氰胺的奥秘，中国的造假高科技，居然走在了世界前列。

我看了看查明造假的两家公司的网站，至今都安然健在。徐州安营生物技术开发有限公司网页上自称，曾多次被工商部门评为"诚实守信""重合同守信用"单位。山东富田生物科技公司则称，自公司成立以来，始终坚持"质量第一，信誉至上"的经营信条，产品远销东南亚、欧洲国家，主要经济技术指标达到了国内先进水平。公司企业先后被评为滨州市"明星企业"。

那次事件发生后，中新社去年5月8日的一条消息称，中国国家质检总局紧急部署对奶粉、液态奶、婴幼儿米粉、香肠、面包、馒头、面条及方便面等十二类的八百批次食品进行专项抽查，均未检出三聚氰胺。

我们不明白的事情还有很多。三聚氰胺作为一种微溶于水的晶体，是怎样被"不法奶农"掺进奶里的？为什么偏偏只有最低档的那一种奶粉被掺进了三聚氰胺？在央视宣传中号称有1110道检测程序的这家企业，怎么这么多关口都查不出来……

但是，有一点我们明白了。从当年喂出"大头娃娃"的阜阳奶粉，到今天的三鹿奶粉，他们是在污染人类最善良的天性。对孩子的爱与抚养，是人类，甚至包括禽兽在内最基本的天性，我们看到母鸡带着小鸡、老猫领着小猫、大人抱着婴儿，心中总会涌起一种亲切感。读到"老吾老以及人之老，幼吾幼以及人之幼"，总会感觉到人性的光辉。而这次的奶粉事件，却让我们感觉到了人类最丑恶的一面。这些掺三聚氰胺的家伙，简直是禽兽不如；那些为他们捉刀辩解或隐瞒真相的帮凶，不知有没有想过自己的孩子。

忽然想起，四川地震期间，这家公司也运去了大批的奶粉"献爱心"，不知有没有三聚氰胺？假如真的有，那可真的是丧尽天良了。

2008年9月

精怪横行，悟空何在？

楼下的一只流浪猫被我喂得熟了，熟到能分辨出我汽车的声音。只要听到我的汽车开进院子，就会从某个角落里跳将出来，喵喵叫着要吃的。几年来我喂它的食物只有一种，就是双汇火腿肠。

看了央视3·15晚会，知道了双汇在使用"健美猪"之后，突然觉得自己好像做了什么亏心事，再进院子时蹑手蹑脚，生怕被那猫认出我来。我想那猫如果识得几个字，看了同样报道的话，很可能会跳起来指责我这个阴险骗子、衣冠禽兽，长期以来干着谋害猫命的勾当。

我很委屈，因为以前我确实不知道内情，直到这次央视披露他们。我对于央视所做的事，腹诽的非常多，独于这一件却很满意，因为"健美猪"的确应该揭露，还有之前对"三鹿"的报道，他们实在办得很不错的。听说企业起初还不认账，那是没有用的。

"盐酸克伦特罗""莱克多巴胺"是些什么东西？你化学学得不好不要紧，它还有个俗名唤作"瘦肉精"，就如同"三聚氰胺"也有个绰号"蛋白精"一样。以我粗浅的化学知识，断定大凡成了"精"的，都失去了原物的本相。以糖精为例，就有一个老长的学名"邻苯甲酰磺酰亚胺"，和糖一点关系都没有，是从又脏又臭又黑的煤焦油里面提炼出来的。还有鸡精，据说并不含有鸡的任何成分。

而且，大凡成了"精"的，都会出来害人，这一点从《西游记》里就可以看得出来，白骨精、蜘蛛精、鳖精等等，在我看来，除了狐狸精还有几分姿色，可以娱乐人民群众之外，其余均是兴风作浪、谋财害命之徒。更要命的是，本该降妖捉怪的孙悟空，大抵此刻正在花果山逍遥自在，于是那些"瘦肉精""蛋白精"们纷纷入驻肉联厂和奶粉厂，而我们这些倒霉的消费者，只好像唐僧一样任人宰割。

我以为，拿"瘦肉精"喂出"健美猪"这件事，不仅对消费者来说是件伤天害理的事，对于那些猪们来说，也很不讲"猪道主义"，那性质简直和活熊取胆一样残酷。我一直觉着，用"瘦肉精"长期喂养下去，那些猪们早晚会出落得健美异常，总有一天会跳出猪圈，就像王小波笔下那只特立独行的猪一样，从此走上野猪的革命道路。

这么多的精怪如此横行，究其根本，显然是干这些缺德事的人成了"人精"。我们不应该忘记这样一个事实，"瘦肉精"至少在三四年前就被查出来过，有关部门还对此做出过严格规定，上升到了追究刑事责任的高度。可是几年过去，为什么转眼又卷土重来？还有，三聚氰胺前些天也重出江湖，再度露头了。除了不法之徒逐利的天性之外，还有一些深层次的原因值得探讨，首先，那些精怪背后都有这样那样的保护伞，就像《西游记》里那样，许多妖怪的背后都有天庭的干部在撑腰，不是太上老君的炉前童子，就是哪个菩萨的坐骑宠物。我一直以为，如今问题企业和贪官的比例大体相等而且呈正相关，随便捉出一个来查查，大小问题总会有的。只是不明真相的群众要真去查时，孙长老会说，金箍棒是我的，不许你用。

还有就是国人思想深处的"糊弄"天性，美国传教士兼外交官何天爵写的《中国人本色》中提到，某些人求神拜佛的过程简直像是商业谈判或商业贿赂，他们在供桌上掏个洞，把自己的头伸进去待一会，就算是给神"供奉了人头"。那些本该负起责任的监管部门似乎深得其中三昧，他们认为，通知发了、文件下了、规定做了，就算是查处过了，完成任务万事大吉。而那些为了发财无所敬畏的人，做起事来当然更加无所畏惧、勇往直前。

放任精怪横行的某些政府部门，如今却在热情有余地指导百姓如何区分"健美猪"与普通猪，这显然是责任错位，百姓不是孙悟空，不可能个个修炼得火眼金睛,所以他们才纳税供养那些"有关部门",好让他们负起应有的责任。防止"瘦肉精""蛋白精"们一而再、再而三地重出江湖,除了敦请企业加强自身管理、注重社会责任之外,还是要呼吁孙悟空早日走出花果山,保了唐僧上路去,"今日欢呼孙大圣,只缘妖雾又重来。"希望政府监管部门能真正负起自己的责任。

2011 年 3 月

监管部门出来"走两步"

对塑化剂这词儿其实我们并不陌生,尽管到现在很多人并不知道它的成分,更没几个人能说出"DEHP、DINP、DNOP、DBP、DMP、DEP"和"邻苯二甲酸酯"这类的名词,但我们确实认得它真切——从去年台湾的"塑化剂风波"里。2011年5月,台湾生产的饮料中被发现按规定"不得检出"的DEHP,引发食品业轩然大波。结果是一家名为"昱伸"的涉事公司被查处,老板陈某被判刑25年。

当其时也,大陆的媒体和许多食品界同行曾一齐口诛笔伐,朝对岸鼓噪了一阵子,很有些幸灾乐祸的意味。没想到一年多过去,咱们这儿也出事了。先是白酒,酒鬼当先,茅台随后,最近又是调味品,据说"食用的酱油、醋、饮料里面的塑化剂含量是酒的400倍"。马不说驴脸长,乌鸦和猪一样黑。早知如此,也许有些人会对去年的批判感到后悔,这显然是提前向民众透露了塑化剂的危害。

这时候专家出来"辟谣"就不仅没了效果,而且挨了"板砖"。例如那位给茅台酒站台撑腰的专家声称:按照检出的含量,一天需喝一斤酒,那塑化剂才能见效。诚如是,酒的危害早已比塑化剂大得多了,更何况,谁那么有钱能够一天喝得起一斤茅台啊?据说专家后来称民众曲解了他的原意,但他似乎也不曾提及,去年刚出过事的台湾,对塑化剂的规定是"不得检出"。

我甚至有些怀疑,刚刚出笼的"酱油、醋塑化剂含量是酒的400倍"的说法是酒类厂家放出来的,为的是转移视线,围魏救赵,把百姓的注意力引到打酱油上,化解自己的风波。在这个炒作成风的网络时代,什么都是有可能的。最早出事的酒鬼一直没有召回,酱油、醋厂家看上去也不怎么着急,也许盼着几天过去,新的热点又会冲淡这一事件。

我们不能理解的是,最该出来说话的卫生监督部门,事发以来为何一直语焉不详,没有一个清晰的声音和明确的态度。当然,这也是那些"有关部门"的老毛病了,见事迟、处置慢,回应总是慢一拍,给人一种无力感,甚至啼笑皆非。例如那年三聚氰胺事发之后,牛奶协会痛定思痛,制定出一个行业标准,却把蛋白含量从现行的 2.95 降到 2.8,把菌群总数从 25 年前的 50 万放宽到 200 万,成为"全球最低"的牛奶标准。

据说这是牛奶企业"绑架"的结果。还有这次卫生部对于用来制造调味品的香精香料,将邻苯二甲酸酯类物质总含量放宽为 60mg/kg(比对食品的标准高出了数十倍),也是那些香精香料企业去"闹"出来的。这就不能不叫人顿生疑窦:这"标准"究竟是以什么为标准制定出来的?如果食品企业也去"闹"一下,是不是现行的食品中"DEHP 最大残留量为 1.5mg/kg"的规定也可以突破?在你们把本该严格的标准无限放宽之后,难道就不怕饱受"毒"害的老百姓也去"闹"一回?

依我看,这"1.5mg/kg"的标准都嫌多,就像是我们对腐败本该"零容忍",现在却规定一个几千元的追究界限,岂不是容忍"小额腐败"?别对我们强调"客观现实",老百姓的健康才是最大的"客观现实"。如果"有关部门"总是这样标准不一、监管缺失,那么百姓的质疑早晚会从企业的头上转移到监管部门的头上。在类似重大事件面前,我们还是希望监管部门尽快地出来"走两步",以人民利益为重,别让那些无良厂家给"忽悠瘸了"。

2012 年 12 月

新一年的爱国主义

新年了,说点高兴的事。扳着指头数不出几件,还是说说爱国主义吧。

年前被一个赵教授教育了一回,搞得很是不爽。这教授灌输给我一套理论,云山雾罩地没大听明白,只记住了结论——买房就是爱国。

一下子搞得我负担很重。原来我还以为战场为国捐躯、到灾区为国捐款之类的才是爱国,听了赵教授的布道,才晓得国也可以这么爱。听到这里,我依稀想起了一件事,让我确定这理论原本不是赵教授的发明。

记得20世纪七八十年代,每到冬季报纸电视上就会动员居民买"爱国菜"。这"爱国菜"并不是什么珍稀品种,而是普通的白菜土豆,之所以被称为"爱国菜",是因为如果不能及时卖出去,就会烂在菜市场里,国家就会受损失——菜市场毕竟是国营的。

在"爱国"的号召下,很多家庭一般都会买回一大堆的土豆白菜,放在自家挖的菜窖里发芽生根。其实不提爱国这事,大家也同样照买不误,因为当时除了这些,几乎没什么别的菜可供你挑选。我还记得有位菜站的劳模,后来上了中央电视台的一个节目,给我们传经送宝。这位劳模之所以成名,很大程度上在于他并不是简单地把菜卖出去了事,而是还教给附近居民很多冬储大白菜的方法——例如制作干菜之类。现在想来,这位售货员才是真正的教授。

话题回到赵教授的理论,他不过是将"爱国菜"放大,上升为"爱国房"而已,绝非原创而且一点技术含量也没有。还有一个问题,这位赵教授显然忽略了理论的前提已与"爱国菜"那年代不同：那时候菜站不管怎么说是国营的，我们买了菜，钱终归是给了国家；但现在的房地产商却多是私人大佬，我们买了房，只不过肥了他们的腰包，好让他们继续有能力拆我们的房、赚我们的钱。而且，在房价一路高涨的那些日子里，怎么教授既不号召我们爱国，也不动员这些大佬们爱国——降点价给国家做些贡献呢？

尽管赵教授的理论我一万个不同意，但爱国我还是要爱的。于是决定在合适的时候还是要去买套"爱国房"——等到房价降到和土豆白菜差不多的时候。

2009 年 1 月

坚决要与国际接轨

我以为以我的智商，恐怕是此生当不成专家了。因为我曾经引以自豪的记忆力，不知从什么时候出了问题，开始记不住人了。有时遇上一面熟之客，人家热情地问寒问暖，我则惶惶然东拉西扯，想不起来这是何方神圣，很多时候，在扯闲话时套词，想套出对方几个工作单位、工作性质、手机号码之类的关键词，好确定此人是谁。但是有时候灵验有时候失效，有次甚至热火朝天地聊到分手，也没有弄清楚是和谁讲话。因为这个缘故，可能会有不少半生不熟的朋友觉得我这人太不够意思。

但是前两天的一条消息让我对自己重新树立了信心。我虽然对面孔的记性下降了，有时不认得对方是谁，但好在还没有糊涂到忘了自己是谁，忘了自己说过什么话。可是新闻中的那位专家，硬是连自己说过的话也可以忘掉。这样的人都可以当专家，那么我也还是大有希望的。

此专家姓韩，官拜某能源研究所所长。去年年底，国际油价从高位降到不足五十美元之际，韩专家在国际能源署《世界能源展望》发布会上表示，成品油价格与国际油价实时联动机制，短时期内不会建立起来，"因为联动机制的潜台词是价格一步到位，与国际油价接轨。但中国是发展中国家，什么价格都与国际接轨，这不太现实"。

可是这位韩专家偏偏忘了，他在去年年初，国际油价上冲高位的背景下，还说过一段截然相反的话。这段话被有心人找了出来放在网上——他是这样说的："要进一步与国际市场接轨，加快价格的传导作用，进一步发挥市场对油品供需的调节，同时形成有利于节能和环保的价格机制。"

不经意间自己打了自己的嘴巴，这可能是韩专家始料未及的。看完这两段截然相反的话，我突然对自己有了信心——不仅可以混个专家来当，简直可以给专家当教授。

在此不妨给韩专家出个主意：您大可不必说"发展中国家与国际接轨不现实"这样的话，容易让人抓住把柄。您只需始终强调一点，任何时候必须坚持"与国际接轨"。只要预设的前提是，不告诉他们您说的这"国际"到底是哪一国。

所以，油价上涨的时候，我们完全可以和美国接轨；油价下降了，我们还可以和挪威、荷兰接轨，到现在这两国的油价还是全球最高。当然，您想抢点什么的时候，也可以强调要和索马里接轨……

2009 年 1 月

沟通种种

王教授发来一个题目——有效沟通与我们的生活,我想了很久,虽然我不是专家,但长期从事与人沟通的职业,真还积累了一些感想,只是我从没有认真思考过沟通的意义。

以我的理解,沟通是人与人之间的信息交流,是人类最基本的生活方式。但在我们的生活中,沟通在很多时候竟然成为一件难事,难到成了课题。

想了很久,总结出几种靠谱与不靠谱的沟通方式如下:

最低效的沟通,是采访。我正是从事这一行的,按说这是一种相对比较便捷的沟通方式,但你只要看看为什么每年那么多的虚假报道出笼,那么多的记者被推上被告席,甚至被县委书记抓起来,被建设局局长怒斥"到底是替党说话还是替人民说话",以及被公司经理痛斥"是不是拉屎也要告诉你",就会知道这种沟通方式是多么廉价而低效。

最浪漫的沟通,是眼神。应该相信一个媚眼抵得上万语千言。某次一起开会时看到一对恋人,男的侃侃而谈时女朋友不时看他一眼。两人对视的神态让我相信有千言万语尽在不言中。由这种浪漫的沟通方式,往往会发展为另一种更为直接高效的沟通方式,上床。但是有些时候,由此进一步发展而组成家庭的夫妻,却可能是世界上最难以沟通的两个人。世事就是这么怪。

最传统的沟通,是书信。"客从远方来,遗我双鲤鱼。呼儿烹鲤鱼,中有尺素书。长跪读素书,书中竟何如?上言加餐食,下言长相忆。"

"云中谁寄锦书来，雁字回时，月满西楼。"那是怎样的境界。可惜如今，一笔好字都被电脑废了，电子邮件和短信取代了鱼雁传书，"想给远方的姑娘写封信，可惜没有邮递员来传情。"这些传统的沟通方式，如今只能引发我们的怀古幽情。

最常见的沟通，是开会。开会的本来意义，就是交流思想传递信息的。起初，会议内容是主要的，而形式并不怎样讲究。如今人们越来越重视会议仪式性的东西而忽略了会议内容本身，本来交流性质的会议，多开成了会议召集者的布道。等领导人布道完毕，大家也便一哄而散。

最艰难的沟通，是推销。你肯定遇到过，总有一些巧舌如簧的推销员让你买下一些你并不需要的东西，或者办一些莫名其妙的卡。事后你可能会后悔，人家也可能会骂娘——骗你掏这么几个破钱，老子容易吗？

2009 年 1 月

黄老师好

前些日子,和朱忠明、周霍津几位乡友在京聚饮,席间说起我小学时代曾经在霍州大张村念过一年书,霍津说:"我在大张当镇长。"我接着说,当时我们的班主任名叫黄贵生,忠明马上说:"我与他家是邻居。"随后,众人齐声叹道:世界原来这么小!

说实在的,到现在我也不能确定黄老师的名字是叫贵生还是桂生。这不怪我,那时候老师的名字可不是小"娃儿"们随便叫的。

我对大张村的那一年有着特殊的深刻记忆,那是中国历史上一个重要的年份,1976 年,影响中国历史进程的几个重大事件,天安门事件、唐山地震、毛主席逝世、粉碎"四人帮"都在这一年发生,所有这些我全是在这个小村里听闻的。

当年 1 月 8 日,周总理逝世,全国政治形势随即变得波诡云谲。当然作为十岁出头的小学生我们基本对此茫然无知,只看到学校的课越来越少,"大批判"越来越多。我们的课余活动日益"丰富多彩"——上房、打鸟、砸玻璃……父母看到学校的乱象,还有我们这些学生的劣顽,忧心忡忡,断定城里的学校不能待了,决定把我送到乡下的姑姑家去上学。他们当机立断,几天之内,我的身份就从太原机车厂子弟学校四年级学生,变成了大张七年制学校二分校五年级学生。

学校设在一个名叫"家庙"的院子里,至今不知是谁家的庙——大约是个祠堂。六七年前,我曾专门去探访过这个地方,院子里徒有四壁,养了几只羊,沤着一堆粪,房屋建筑荡然无存,只留下一块泥糊的黑板,证明我没有找错地方。当年那可是个热闹的地方，几个年级几个班，分布在祠堂的正殿和偏房里，书声郎郎。

一天早上，我的姑父，大张公社大张大队第六生产队饲养员，晃着两条全村有名的罗圈腿，一摇一摆地把我带进了这个院子，送到了黄老师面前。说，这就是你的先生。

与黄老师的见面在一间我们称为教研室而村里称为"校铺"的小房间里。当年黄老师大约二十多岁的样子，很有些英姿勃发的气概，不像我们城里的老师那样书生气。他问了我太原城里的情形，我据实回答了，包括学校的乱象。黄老师听了以后皱起了眉头，沉默了一会儿。这次谈话的后果，要到一年以后才显现出来。

黄老师把我带到教室，随手指了前排一个同学，让他坐到后面去，然后把我安排到那个座位上。看得出，那是在听了我姑父的介绍之后照顾我当时已经下降的视力。

村里的学校很不好玩。首先，女老师没有高跟鞋。我们此前常玩的一个恶作剧就是，老师穿高跟鞋来上课的时候，一个同学举手，向老师提一些不着边际的问题，趁老师走到座位前面回答时，旁边的同学就假装文具掉到地上去捡，趁机用尺子测量老师鞋跟的高度。老师解疑释惑完毕，转身走向讲台，我们则举起尺子报出测量结果，引来同学窃笑，搞得老师一头雾水，还以为她的讲解出了什么问题。

其次，是教学没有一点技术含量。以语文课来说，老师基本上是不讲课的，上课时把课本一摊，让学生自己念上一遍又一遍，直到会背诵，就可以出去玩了。而且更奇葩的是，连课文带注释一起诵读。我上课第一天听到旁边班上一板一眼念的居然是："五岭是指大庾岭、骑田岭、都庞岭、萌渚岭、越城岭，横亘在江西、湖南、两广之间……"天哪，这是毛主席《七律·长征》的一条注释！这也叫上课？不仅如此，一位胖胖的女老师还现身说法："当年先生教书，都是拿个锥子在书上一扎，扎透几页背几页，背不出？直接扎你手上！"说罢，眼里还射出锥子般的目光。

当年在铁生兄、黄帅姐的激励下，我自然是不吃这一套的。首先我发现那位女老师自己也背不下来课文，再看她手背上白白胖胖的根本不像挨过针扎的样子，于是在其再次施教时直接顶回去："那是万恶的旧社会！"

黄老师讲课比较好，起码不要求背诵课文的注释部分，其次还能讲出一些"中心思想、段落大意"之类，相对容易听得进去。而且，黄老师他什么课都能讲，讲语文、讲数学、讲常识，偶尔还能带两节体育课。学识渊博、多才多艺的老师什么时候都是受欢迎的，何况当年他正值英壮，用赵本山的话说就是"比较帅呆了"，跨栏背心下面肌肉隆起，再看班里学生，个个瘦如柴鸡。

说实在的，我不是个好学生，从来不是。对我而言，课外的天地远比课堂有趣，在城里就上房顶、爬树、打鸟，到了农村，更是一个"广阔的天地"，记忆之中，满脑子的画面仍然是与村中同伴走在田间的小路上，踏着金黄色的麦浪，到村外一条叫南河的小溪里去捉螃蟹、逮青蛙。可惜的是，那条河后来也踪迹无存了。农村学校的假期安排与城里不同，城里是寒暑两个假期，而农村是麦假、秋假和春假三个，分别对应麦收、秋收和过年，在那一年里，我见识和亲历了农村几乎所有的农活，至今是可以拿出去对人吹牛的资本。麦假里，五黄六月，龙口夺食，学生们也和大人一样，披星戴月、早出晚归收麦子，高年级的上场挥镰，低年级的下田拾穗，颗粒归仓。当年的产量标准是"上纲要、过黄河、过长江"，分别是亩产四百斤、五百斤、八百斤，但印象中我们村连纲要也很难达到。秋假里，青纱帐由绿变黄，可以钻进去掰几根玉米棒子，到野地里用火烤来吃，不算偷，装一口袋走才算。在春假，过年之际，也可以从"人造小平原"的工地上搞来导火索和雷管，到田垄上当作鞭炮去放。甚至，唐山地震之后，家家户户搭起的防震棚，也让我们这些少年不知愁滋味的小子们兴趣浓厚，钻进去、爬出来，很有几分今天野外露营的味道。

有了这般乐趣，相比之下课堂就十分无聊。过了一段时间，和村里的同学混熟悉之后，我很快恢复了学期德行评语中一直存在的"上课说话，做小动作"等传统。主要表现是一如既往的"支岔"——霍州方言，即插科打浑的意思。例如数学老师讲到分数时，总要装模作样问一句："同学们，谁知道什么是分子？"我会在第一时间回答："地富反坏右！"对此，黄老师曾不点名地批评过："有些同学上课不好好听讲，而是上山砍了一担对角木圪岔，专门用来支岔。"老师面向黑板时，我们也会取笑打闹，每每招得老师转身扔过来粉笔头——这是当年老师们的通用绝技。黄老师的粉笔头总是落在我前后左右同学的头上，一次也没有击中过我，我觉得这老师"基本功"不怎么样，但也难说，他时常能准确地击中最后一排的同学。

挨了粉笔头的同学没有一个敢吱声的，更别说像城里学生一样"反潮流"。当时尽管全国形势一片大乱，但在村里"师道尊严"还是有相当市场的，家长对老师最常说的一句话是"娃不听话，就打"。记得那时我们"批林批孔"，村里一位大娘问，这是干啥呢？我们说批判林彪、孔老二，老大娘说，该批，林彪不是个好人，偷了马克思的大衣（披着马克思主义外衣），孔老二是谁？我们说就是孔丘、孔夫子，老大娘顿时正色道："咄！那是孔圣人！你们娃几也批得？"

尽管我对"五分加绵羊"没啥兴趣，但那时却有一样长处，记忆力好，不管多长的课文，看两遍基本上能背下来——其实小学的课本也并没有多长。记得有次黄老师讲完《为人民服务》节选，把书本一摊说，谁背完谁下课，我当场举手，第一个背诵完毕，昂着头走出教室。黄老师似乎很有些惊奇的样子。从那以后再试过几次，他就把检查作业的任务交给了我，每次我站在教室门口，同学们一个个从我面前经过，会背的走，不会背的留下，忘记了词的我还提醒两句。那场面今天想来，颇有几分滑稽。后来，这样的角色叫课代表。在当时，这鼓励的确有效地提高了我对课业的兴趣，那一年的语文课本，基本上是被我生吞活剥了，直到今天，我仍能脱口背出毛主席《给徐特立的一封信》，甚至背出《水浒传》中皇帝第一次招安梁山草寇时的诏书，"制曰:文能安邦，武能定国。五帝凭礼乐而有封疆,三皇用杀伐而定天下……"

另外大约是由于课外玩得比较疯,我写出的作文还颇有几分乡土气息和真情实感,这又受到了黄老师的欣赏,作为范文在课堂上宣读过几回,后来又因为我的普通话比一般同学讲得好,提到这里需要说明的是,这点得益于我的第一位班主任程秀梅老师,她在生活中满口太原方言,但一站到讲台上,立刻是标准的普通话。由此,黄老师又让我到学校的讲台上念过几次发言稿,还到公社广播站读过一回"大批判"文章。尽管说起来不算大事,但对于满足一个小学生的虚荣心已是足够,如此这般鼓励之下,我对学习兴趣大增,成绩迅速上升,很快成了班上的"学霸"。

日子就这么懵懵懂懂地过去,全国的形势如惊涛骇浪,但在这小村里却几乎波澜不惊。在我们的无知中,天安门事件过去了,唐山地震过去了,毛主席逝世过去了,直到有一天,通知到公社开会,传达粉碎"四人帮"的消息,我们吃惊的是,这几个整天在广播里出现的人物,竟然是反革命分子。

不久家里来信,说省城抓纲治国,革命形势一派大好,学校的教学秩序也恢复了,要我回太原继续上学。又是在几天之内,我又从村里回到了太原,原来的学校,原来的班级。不同的是,我以调皮学生身份转走,以村庄"学霸"身份归来,并且从此以后,一直把比较好的成绩保持到了大学毕业。

离开大张村的前一晚,我父亲和黄老师长谈过一次之后,我才知道了一个未解的秘密。原来,上学第一天黄老师就想给我当个班干部的,毕竟村里小学能来个城里学生不容易。但是听我讲了省城的乱象,特别是提及学生竟敢打老师这一细节显然把他老人家给吓住了。所以这就解释了在这一年中他为什么对我十分欣赏而不肯放手信任,也部分解释了粉笔头为什么从来没有落到过我的头上。其实,我那时虽说比较劣顽,但从来不是打架斗殴的主,至少没有先动手打过人。说起来,这大约是我人生中第一次因为说真话而失去了"当官"的机会,这样的遭遇以后又遇到过几回,看样子真是一点长进都没有。

若干年后我常常想起,如果不是大张村里的这一年历练,而是在太原继续混下去,不知会混成个什么样子。现在铁生兄、黄帅姐他俩一个做生意成了成功的商人,一个留洋成了成功的学者,而我们的命运将会是什么?

那年走得匆忙,竟然没有向老师告别,那时可能也不兴这个。一去多年,阴错阳差,我再也没有见过黄老师。想来等到这篇文章刊出之时,应该是2016年了,我离开大张村已经整整四十年。四十年间,黄老师从教一生桃李无数,可能不会记得还有过这么个学生这么一段掌故,但是如果我能见到黄老师的话,一定会郑重地道一声:黄老师好。

2016 年 4 月

离考试越近,离生活越远
——给孩子作文写序

学生家长,不过是学生的"升级版"。

和所有的当年学生、今日家长一样,我们无一例外地经历过自习的苦恼、考试的焦虑、下课的盼望。在我们中国,学习一向不是件快乐的事,否则就不会有什么"头悬梁、锥刺股"了。

在这样堪称恐怖的环境下,连最有可能成为快乐因子的语文课——我们的母语,也由于作文这一科目的存在,而变得有些面目可憎。

当孩子的"作文集"摆在面前,并要求我写序的时候,我立刻想起了自己的学生时代,想到了我们当年的作文。

那时,语文课和政治课相差无几,学生眼中和笔下的世界基本上是一个模式——这没什么好选择的,连成人也只能用一种思想思维。这种思维反映到我们对这个世界的表达式——作文之中,以今天的眼光来看就有些搞笑:《记一件好人好事》,班上总会有多个同学"捡了钱包",或者把五六个老太太"搀过马路"。甚至在作文情节的激励之下,还真有同学把自己的零花钱说成是捡来的拿去交公,也有人到街头找一位老太太硬把她老人家搀扶过马路——老太太根本就没打算过马路。

"文以载道","文章千古事,得失过心知",这话放在古代是不错的,因为那时读书识字写文章的,都是知识分子,社会精英。可是到了今天,仍把这般经国济世的重任压到写作文的学生头上,就有些显失公平。记得我们高考那年,作文题目是《先天下之忧而忧,后天下之乐而乐》,拿起笔来的时候,我俨然把自己当作了范仲淹。那年的语文得到了不错的成绩，但这么多年过去，我只是从一个趴图板画图的变成了趴电脑写字的。

所以，当从孩子的"作文集"中看到那些生动、真实的描写的时候，我欣喜地感到了作文本质的回归。在孩子笔下，我看到"操场如战场"的《班级风景》；看到神态各异的男女同学；看到类型多样的"广播操动作"；看到学校"开放日"孩子的苦恼。这些明显稚嫩的文字中，透露出一种难得的真性情。其实，作文本意不过是母语表达方式的应用练习，其中反映出的生活首先要求的是真实。我想，在真实的基础上，再有一定的文字美感，就可以算是一篇好作文了。

事实上，这些年来高考的作文题目一直像晴雨表一样反映着时代的变迁。渐渐地，过去那种"靶向思维"式的命题作文逐步被"发散思维"所取代。近年来开始有了关于"诚信"的《赤兔之死》，有了关于"感情亲疏和对事物的认识"的《吊屈原赋》等"非命题作文"，孩子们有了更为广泛的表达空间。

孩子们的作文轻松了，但这种轻松实际上是对作文能力的更高要求。一篇八股文，只要格式对头，做不好也不会出大错，而摆脱了形式的要求，则更考验作文者的功力。从这个意义上讲，时下的作文越来越容易的同时，确实是越来越难了。如果再上升一个层次，作文是生活的反映、思想的表达，那么生活的历练和思想的提升，无疑是比作文更难的事情。

应该承认，在这些作文中，通过文字的刀斧痕迹，还可以深刻感受到考试的阴影。当然这不能苛求孩子，因为直到现在，应试教育的机制和方针，也一直没有改变过。反映到作文中，那就是离考试越近、离生活越远。

看了孩子作文后，想了这么多，按照要求写下来，是为序。

2006年8月

果真一字也改不得?

话说这吕不韦先生,乃是天下第一经商高手——赚到了整个秦国,于是就觉得自己不含糊,让门下的食客写了若干命题作文,又挑选几位文章高手对这些文章进行遴选、归类、删定,综合在一起成书,取名叫《吕氏春秋》。

吕不韦自己夸口说该书是包揽了"天地、万物、古今"的奇书,还策划了一场宣传推广活动。他请人把全书誊抄整齐,悬挂在咸阳的城门,声称如果有谁能改动一字,即赏给千金。消息传开后,人们蜂拥前去,包括诸侯各国的游士宾客在内,却没有一个人能对书上的文字加以改动。

我一直对这事表示怀疑:真的就一个字也改不得吗?未必吧,孔圣人的文章就先后改过多次,毛主席他老人家还有过两个以上的"一字师"呢。

但是当时,为什么没有人改动一字呢?想来不外乎三种情况:

第一,不会。过往看客,想来以不识字的居多,听说城墙上挂出了告示,还以为商鞅又叫他们去搬木头。自打商鞅变法之后,秦国耕战之士越来越多,念书的越来越不吃香,很有些知识越多越反动的味道。所以大部分人恐怕念都念不通,更别说改。

第二,不愿。剩下的少数识字的,不是吕不韦手下的门客——其中很多可能还是这部书的作者,自然不想改动。当时改稿是件很困难的事,不像今天鼠标一抹就行,是需要拿把刀子在竹简上做许多木工活的。所以谁也不愿费这个力气。另外一些知识分子是想投靠吕大相国混事的——这中间有著名的李斯,可能也看出些可作"一字师"的字句,但想来想去还是称颂首长英明稳妥一些。

第三,不敢。吕大相国权倾朝野,威势如日中天,想要什么就是什么,想要谁就是谁。万一改过之后,吕大相国不高兴,赐与的不是千金而是千两罚金,岂不坏菜。你改了吕总理的文件,难道你比总理还高明不成,还想不想混了?

其实,只要用心读一下这部书,你就再不敢有改动的念头了。书中固然有"刻舟求剑"等流传千古的寓言,但更多的是加强统治的思想。如"一则治,异则乱;一则安,异则危"(《不二》),以及"天下必有天子,所以一之也,天子必执一,所以抟之也。一则治,两则乱"(《执一》),明确告诉你,只能有一个代表。

这种情况下,谁要能改动一个字,那才是奇了怪了。

2009 年 4 月

收藏情谊 淡泊名家

在下是个附庸风雅的人,因为我以为附庸风雅总比附庸粗俗要好得多,说来也收藏了若干"名人字画",有时检点"藏品"不觉失笑,计有:几只画得像猫的老虎、几幅似乎用木棍写出来的书法,还有几张杂着酒痕、无章无款的半成品……它们共同的特点是,作者没有一位是名人,至少现在还没有。

不是没有机会得到名家的作品,而是问题出在我自己身上。几年前我向一位同学索求墨宝,那老兄认为他的字不足以给我家糊墙,竟去转求了一幅名家字画送我。那名家当时的润格基本上相当于拿钞票贴满整个纸张,居然被我不识好歹硬给拒了——理由是:我和人家没交情。类似的事情有过几回之后,朋友们发现我有眼无珠,便认为我这风雅附庸得着实有几分粗俗。

但我却不以为然,反而自得其乐,因为每幅藏品背后都有些故事值得回忆珍藏。那位画虎类猫的老兄,曾经开辆破车载着我们一家在深山里狂奔,在路上磕坏了机油管路,拿毛巾和胶布裹起来继续开,险些挨不到修理厂。那半幅杂着酒痕的作品,则是一位兄弟喝高了酒后一挥,写了一半就没再写下去。把字写得像棍书的老弟,前些年自订润格是谁收他一幅字,他请谁吃一顿饭——没错,确实是送字的请收字的吃饭,就这还有人不肯领情,吃完饭一抹嘴就走,字也不收。我就是趁那时低价位囤积的,作者还给我装裱好之后,自己带着钉子和锤子挂到我家墙上。如今他行情看涨——送字不请人吃饭了,每次看到他的作品,我就觉得自己占了便宜。每每闲来灯下，检书烧烛短，看剑引杯长，翻检自己藏品，经常会心一笑，这般快乐，是收藏那些高山仰止的陌生名家能够得到的吗？

千万不要因此以为我的藏品不入门墙，这里面有些作品不输名家，有位兄弟自幼临池，师从书界泰斗，早已有了名家气象；有位美女画家，研究生科班出身，字里画间颇有男子英气；还有位贪酒帅哥，挥毫之时已是全国书界某大赛金奖得主。更何况那画猫的老兄已经日益精进，作品有了汹汹虎气，那请客的老弟亦已修炼成佛，字里行间俨然有了弘一法师的禅味。更重要的是他已经答应我，将来成名之后财源滚滚，写字就像画钞票之时，不管我在北京买多大的房，他都给我写出来。这般情此类作品，难道不值得珍藏吗？谁又能保证，我现在收藏的这些时下只是"有名字的人"，将来不会变成"有名的人"？反正，如果你拿某"创作流水线"大师的作品来换我是不肯的，我瞧不上他；你若拿那位曲学阿世、谄书媚上，手抄中央文件长卷的名家书法来，白给我都不要。

可是据说，如今收藏市场上，是80%的藏家收了90%的假货。前些天央视的鉴宝节目还引起了争议，有人说主持人王刚砸掉的文物中有相当一部分是真品，也有人说那纯粹是从潘家园市场买来的假货。更听说在收藏界，出笔钱就可以有专家给你开具鉴定证明，所以才冒出了"金缕玉衣"和"汉代玉凳"等不伦不类的"妖怪"。前两天还曝出有位老人家卖了房子，花了几百万收藏了一大堆假字画。每次看到此类乱象，我就有点"幸灾乐祸"的感觉——反正我自己的藏品，可以保证百分之百是真品。而且，在几百上千年之后，如果它们还活着的话，那一定是不折不扣的文物，被不知哪个子孙后代藏之高阁，或拿去巡展，为弘扬人类文化做出极大的贡献。

话说回来，突然想提醒那些经常自称"淡泊名利"的名人高士，不妨像我这样，先从"淡泊名家"开始试试。

2012年9月

那只名叫貔貅的家伙

某次去某老板办公室,见其桌上摆一模样奇特的怪兽,随口问起这是何方神圣。老板笑我无知,对我扫盲道:这货名叫貔貅,又名辟邪,乃是龙王的第九个儿子,生性爱吃金银珠宝,更有一桩好处是身体构造有嘴无肛,只进不出,自然浑身宝气,因而视为招财进宝的祥兽,摆在房间里,就是这个道理。当时我脱口而出:这不正像某些个领导干部么!

据说这龙生九子,个个不像龙——可见必定不是和同一个老婆生的,或许被戴了绿帽子也未可知。上网问了一下度娘,计有:长子囚牛、次子睚眦、三子嘲风、四子蒲牢、五子狻猊、六子赑屃、七子狴犴、八子负屃、九子螭吻,此外还有饕餮、趴蝮、椒图等几个,大约是私生子。找孤陋寡闻,平时见得多些的只有老六赑屃,形如乌龟,驮着块石碑,山里庙里是他的工作场所,看起来像个农民工。据说老八负屃是爱好书法的,所以常用来装饰赑屃所驮着的碑文。

负重的赑屃和吞食财宝的貔貅,大约是龙的社会的两极。我相信神话传说其实都是现实的反映,龙王爷儿子们的命运,也都可以在现实生活中找到对应的结构。"貔貅"们大多是潜伏着的,寻常看不见,偶尔露峥嵘,隔三岔五在网络上披露个把贪污受贿的官员,即此类也。近年来被揪出来的太多,以至于贪污金额过不了千万、上不了亿都不会刺激受众的神经。也因为有了网络,潜伏的"貔貅"被曝光的概率大为增加,前段时间,陕西的杨"表哥"就是因为在严肃场合露出了不严肃的笑容,被网上的好事者深挖,掘出了若干块名表、多少万家财,甚至挖出了当年受过处分的老底,把好好的一顶乌纱帽给丢了。

我工作中打交道多的,是那些负重的"赑屃"们。相传上古时,赑屃常背起三山五岳,后为大禹立下不少汗马功劳,治水成功后,大禹就把它的功绩,让它自己背起。我采访过的农民工们,也正是这样背着中国的经济负重前行,他们在建筑工地,工厂矿山,挣着微薄的工资,忍受着艰苦的劳动环境,为国家经济建设做贡献的同时也为老板们积累着财富。他们也有一样东西是吸进身体后再没法吐出来的,那就是灰尘,尘肺病已成为当前最严重的职业病——没有之一。他们的工钱经常被拖欠,盖因被那些当老板的"貔貅"们吞进去了就不肯吐出来,由此酿成的跳楼、堵路等群体事件时有发生。这"赑屃"的工作是最辛苦的,但是爱好音乐的老大囚牛不曾歌颂它们,爱好书法的负屃也很少描写它们,倒是经常要挨好斗的保安睚眦二哥的打。说起来都是"龙的传人",咋差别就这么大呢?

龙王爷的儿子里面,有个比貔貅更狠的,名叫饕餮,样子似狼,生性贪吃,据传说它贪吃无厌,把能吃的都吃光了以后,最后竟然吃了自己的身体,到最后吃得只剩下头部。不过我一直怀疑这一传说:他吃掉自己的身体以后,肚子里的那些东西哪里去了?话说回来,我被扫盲认识了貔貅大人之后,就一直替他担心,这个没屁眼的家伙,肚子里真能装下那么多财宝么?在我看来,早晚有一天他会被撑爆,那简直是一定的。你看那些贪官们不是接二连三地被曝光了么?最后,他们都去了一个该去的地方——监狱。

说起来,在监狱他们也会遇到自己的另一个兄弟——老七狴犴。这狴犴又名宪章,样子像虎,有威力,好狱讼,人们便将其刻铸在监狱门上,故民间有虎头牢的说法。又相传它主持正义,能明是非,因此它也被安在衙门大堂两侧以及官员出巡回避的牌上端,以维护公堂的肃然之气。可以设想,以这位兄弟的天性,大约定会秉公执法,不会轻饶他们的。

瞧这一家子。

2012 年 10 月

谈女娲说曹操吊屈原

这个题目，本来是准备写成三篇的，后来有些担心韩少爷说我抄他创意，只得强把三位古人凑作一处，一勺烩了罢。

想起这话茬，是因为大约一个月之前，山西吉县声称发现了女娲遗骨。据报道，吉县人祖山娲皇宫女娲塑像下发现了一块成人头骨，还有一段半文不白的"墨书"为证："大明正德十五年，天火烧了金山寺，皇帝遗骨流在此，十六年上梁立木。……皇帝遗骨先人流下。"专家们说，女娲是原始氏族的名号，也是氏族首领的名字，所以会有一代又一代的女娲产生，那"皇帝"可能是某代或最后一代女娲。何况还有碳14同位素佐证，那块头骨的年代已有6200年之久。

积多年被人忽悠的经验，对专家的话我一向存疑，再加之本次"发现"的过程有旅游开发公司参与其中，更让人打个问号。果然，专家很快出面声明，说从未做出此论，不认账了。

专家们发明新东西力有不逮，发现老古董倒是灵光得很。前几年在河南发现了曹操墓，惹起一阵轩然大波。信者恒信、疑者恒疑，到如今唯一可以肯定的是，反方某位"专家"是个被网上通缉尚未归案的骗子。这几年来，每发现一处古迹，都会相应地发现一个或一批骗子，几成定律。依我看，那被发现了的曹阿瞒，本身便是骗子鼻祖，生前欺人死后欺天，传说下葬时设有疑冢七十二，那架势竟然和海盗藏宝差不多。比他更狠的大概只有秦始皇了，从考古成果来看，那阵式简直不是在埋人，而是在埋地雷。后人谁敢去碰，保证炸响。

女娲娘娘在传说中是类似于上帝的人物，抟土造人、炼石补天，对人类做出了极大贡献。这样的先祖，后人是惹不得的。商纣王曾经得罪，娘娘便派了妲己下凡祸乱朝纲，断送了他的江山。从这一角度看，如今那吉县竟然曝了娲皇遗骨，指不定出多大乱子呢。

刚刚过去的端午节让人想起屈原。较之前面这两位，屈原算是让后人清静些——他是没有墓的。当年不论他老人家是愤然投江，还是如王小波老师所猜想的那样，被人捆得像个粽子一样丢到江里，反正后人是没有发现屈原墓的机会了，也就没有机会见到《九歌》《离骚》的手迹原稿。只能每年吃吃天价粽子、赛赛龙舟以弘扬饮食文化、发展体育运动。这么说来，既然纪念古人的方式有多种——介子推是烧死的，人们用寒食纪念。那么就不必一味开掘墓葬，扰古人清静了吧。

其实谁都明白，如今热衷于掘墓考古的，多数不在乎里面那几块老骨头。即便像郭德纲相声说的那样，发现了两块头盖骨——一块是曹操的，另一块是曹操小时候的，他们眼里盯的，还是陪葬的文物宝贝。当然更大手笔的，介意的是财源随之滚滚而来的旅游事业。只是这主意却并非今人独创，我们能想到的点子，古人早已想到并实行了多次。秦朝的墓，在汉朝就被人挖过了；汉朝的墓，到魏晋也让人挖得差不多了，绿林赤眉都是干这事的行家，就连那刚被挖出来的曹操，也在军中设过摸金校尉、发丘中郎将。

既然女娲娘娘能够被发现，那么嫦娥大婶被寻找到，恐怕也是早晚的事。等到有机会，一定问问刚回来的三位航天员，在天上可曾看到月宫的踪迹。若有，当是考古界又一大发现。想来嫦娥大婶定是不肯重返地球的了，据说当年她是闹了家庭矛盾，一气之下喝了农药离家出走的，何况，她的夫君后羿早已死了千年。不过这些我都不关心，包括那只兔子，也值不了几个钱，但是，如果能搞到一杯桂花酒的话，味道想必是极好的。卖到任何一家酒厂去造千年陈酿，定能换来白花花的银子，把载人航天所投入的390亿元全部收回，还有大笔盈余，那简直是一定的。

2012 年 6 月

陈陈相因"茶文化"

眼前大半杯酱油色的液体据说是陈年普洱,有降低血脂软化血管减轻体重提升文化延年益寿之功效。我咬着牙像喝中药一样灌进了肚里,然后,一整天头昏脑涨腿脚发软心神不定各种不舒服——难道这就是传说中的"醉茶"?打电话问过当医生的妹子,得到一个毫不迟疑的回答:农药中毒。

这结论我不敢苟同。即使有农药残留,经过多年存放也该挥发得差不多了吧?想来更大的可能性不是喝到了假茶,而是不幸喝到了真的——这茶经过多年陈化之后,其中沤出了什么不良成分也未可知。就像我的一位老兄,酷爱徽菜名肴臭鳜鱼,有一天终于吃到了真的——从饭店出来就直奔医院,拉了一个星期肚子。

我一直想努力附庸风雅,却对茶叶无福消受,经常是三杯过后,半夜失眠。但是,头一次难受到这份儿上,还是令我意外且心伤,拿东北话说,这犊子,怕是装不成了。

特别佩服某些人装得甚好。有位当年含泪劝告过灾民的大师说了,举世独有的三项中华文化极品:书法、昆曲、普洱茶,引领读者品味东方文化的灵性之美。并称之为中国文化暗藏着的"命穴"和"胎记"。大师坦言,自己把普洱茶列入文化极品的三元组合,"是一个提醒性的学术行为,借以申述一个重大趋势:从当前到未来,文化的重心正从文本文化转向生态文化。书法是纯粹的文本文化,昆曲是文本文化兼生态文化,而普洱茶则是纯粹的生态文化。前两种主要代表过往,普洱茶主要代表未来"。不知为什么,看了这段话,我脑中立刻浮现出鲁迅笔下那个把"屁塞"伸到鼻子下面使劲嗅闻的七大人。

什么食品饮品只要和"文化"一沾边,就有点乱套。从亲身体验看,我喝了普洱果然正中"命穴",也别以为你就会幸免,在没搞清楚这"陈年"的作用机理之前,这货对谁都一样。中国文化,特别是饮食文化中,对搞不清楚的东西一律赋予一种"陈年"的神秘感,例如成都某家火锅号称"百年老汤",也就是说那汤底一个世纪都不曾换过——听了介绍如果你还能吃得下去,算你狠。酒也是这样,对弄不清楚的口味,大多归因到"空气中的微生物"或者某个"宝洞"(听来颇有几分妖气)的窖藏之功。而且存放的时间越长越好,以年份论,有号称百年的、五十年、三十年、十年的……一个比一个历史悠久。有的酒厂简直要把自家历史追溯到人类还不会酿酒的年代。茶也是这样,不知何时出现的陈年老茶概念,生生把一个饮品做成了收藏品;更狠的,索性把好端端一个城市的名字都给改了,以示高端大气上档次。

然而,果真时间越长越好吗,我看靠不住。金属热处理有一道工艺叫"时效处理",就是把工件扔在露天一放几年,好让内部应力得以逐渐释放。酒中陈酿追求的也是这种效果。不同的是,金属时效处理之后,可以看得到晶体的变化,而酒的醇化原理却是至今说不清道不明。那普洱茶更是如此,我们知道,当初的马帮本是拉了新茶去贩卖的,不料路上风吹雨淋,在途中沤坏了,又舍不得扔掉,试着冲泡,发现别有味道,这才在无意中成就了一种惊世香茗。作为一个粗人的理解,我觉得从其来历来讲,已是相当可疑;再将这"文化"发扬到极致,宣扬比你年纪还大的老茶,甚至从茶农家里挖出的用来砌墙垒炕的陈茶方为绝代极品,更让人觉得别有用心,只怕是他在哄你喝沼气渣子;如果再定一个天价,那就纯粹是赤裸裸的腐败了。

还是吾友王真人说得好:看线装书、喝普洱茶、写毛笔字,是老年痴呆的三大表现。让那陈年老茶藏之名山传之后世供子孙品赏吧,我决定趁自己还没有呆透,先去弄点新茶喝喝。

2014 年 1 月

山河千里

不屈的沁源

有次去长治开会,我抽了个空赶到长治图书馆,借了一本《沁源县志》。之所以想翻阅这本县志,是想证明我长久求索的一个话题——以我掌握的资料而言,沁源很可能是整个抗战期间,中国唯一一个没有出过汉奸的沦陷县。

记得在庆祝抗日战争胜利六十周年前后,我接触了若干抗战史料,看到国共双方毙、伤、俘敌的战果,很不争气地发现伪军的伤亡数远远大于日军。整个抗战期间,日军在中国战场投入的兵力不过百万,各种"皇协军"等伪军倒有二百多万。

也是在那时,我知道了"沁源围困战",这场战役不如台儿庄惊心动魄,也不如平型关声威远扬,但它却创下了一项前所未有的纪录,在两年半的时间里,沁源八万百姓克服百般困难,硬是没有人投敌当汉奸。

1944年1月17日延安《解放日报》发表题为《向沁源军民致敬》的社论载:"抗战以来六年半的时间中,敌后军民以自己的血肉头颅,写出了可歌可泣的英勇史诗。在这无数的史诗中间,晋东南太岳区沁源县八万军民的对敌斗争,也放出万丈光芒的异彩。"

社论称赞:经过了1942年的两个月和1943年整整一年,全沁源八万人,没有几个当汉奸的,没有一个村组织起"维持会"来;不但一般人不当汉奸,就是沁源的大烟鬼和流氓地痞也没有几个当汉奸的;不但壮年人老年人无人当汉奸,即使七八岁十几岁的小孩,被敌人成群捉到城里去,他们也誓死不当汉奸,或则哭骂不休,或则偷了敌人的东西又逃出城来,或则绝食，弄得敌人毫无办法。沁源人民，常以"沁源人没有当汉奸的"一语自豪。的确，他们是值得自豪的，他们是值得大大自豪的！

一

1942年10月，日军兵分七路进攻太岳根据地，并以重兵占领了沁源县城。这是敌军对这块根据地的第七次"扫荡"了。日军之所以这样看重这里，是因为这块地方太重要了——这里是薄一波、安子文、陈赓等老一辈无产阶级革命家开创的太岳区抗日根据地，是中共太岳区党委、太岳行署、太岳军区和太岳区十三个县抗日民主政府的长期驻扎地。与以往不同的是，这次日军占领县城后，在城外竖起了一块"山岳剿共实验区"的牌子。据说这是华北敌酋冈村宁次总结了前几年的失败教训之后提出的"三分军事、七分政治"的新花招。按照"实验要求"，敌人也稍稍改变了过去的"三光"政策，采取了若干"怀柔"手段。到处宣传："皇军不伤老百姓，你们见了皇军下乡不要跑。"还对有的群众发放出入证，说拿着它可以随便出入据点。

当年的沁源县委书记刘开基回忆这段历史时说："我们沁源县八万人民，在党的领导下，与八路军、决死队同生死，经历了多次残酷'扫荡'的考验，敌人选在这儿来'实验'，算他选在刀尖上了。"

同年11月11日，太岳军区做出一个针锋相对的决定："在党的一元化领导下，依靠广大群众广泛开展群众性游击战争，实行长期围困，战胜敌人。"18日，围困指挥部成立，当月下旬，把离日军占领点5里以内的23个村镇2300多户人家16000多人全部疏散转移到沁河两岸的深山密林里去，把日军陷入一个"没有人民的世界"里。经过充分动员，在短短的五六天时间里，一万多人的秘密大转移全部完成。占领区的日军某天早上醒来，发现他们的据点突然变成了一个"无人区"。附近村里的粮食、蔬菜、灶具、衣物全部被带走（带不走的也被埋藏了起来），村里的水井被扔进了死猫死狗。日军没有水喝，只好到几里之外的沁河去驮水；没有粮吃，只好去地里拨玉米棒子；睡觉找不到木板席片，只得铺杂草就地而卧。一位名叫伊藤的少佐向临汾的师团部写信说："来到这里没有人，没有粮，没有水，天天都有病倒的……"

不仅如此，太岳军区还组织军民，切断敌人的交通补给线。日军占领沁源后，其军火补给线主要有两条，一条是安沁大道，从安泽到沁源，另一条是二沁路，从沁县到沁源。沁源军民利用地雷、水雷、踏拉雷（前踏后响）、草雷（草中设伏）、空炸雷等，多次炸毁敌人运输车辆，在数九寒冬，军民在陡坡地段洒水冻冰，上面再盖上旧土，形成冰坡，日军车辆通过，大都车撞人伤。由于补给线屡遭伏击，日军给养经常中断，吃不到粮，吃不到盐，甚至只好杀战马充饥，战斗力越来越衰落。

二

这是一种"同归于尽"的气概。要把敌人围住、困死，当地百姓付出了卓绝代价，他们有地不能种，有家不能回，有病无处医……

1943年7月，太岳军区司令员陈赓在部署沁源围困斗争时说："围困沁源是敌我双方顽强斗争的比赛。侵占沁源的敌人，在得不偿失的情况下仍拼命忍受，大有不顾一切之势。我沁源军民战胜各种困难，坚持顽强斗争，不断袭扰敌据点，破坏敌交通运输，使敌给养不时中断，士气情绪低落，几次改变政策，几次改变部署。"

这场围困，成为双方意志的较量。陈赓说："谁是最后的顽强者，谁就是最后的胜利者。"他要求，把交口周围十里以内的道路和碾磨水源做彻底的破坏，断绝其粮源和水源。"使敌动用一草一木，必须拿生命来换取。"

敌人起初的确是有些"怀柔"的。据相关回忆文章称，他们先是到处宣扬"皇军仁慈"，还派一些外地来的伪军和特务到山头上喊话："皇军不伤百姓，有家的快回家！冬天就要到了，皇军不愿眼看着你们冻死在山沟里！"有时敌人在包围一些村子后，搜出妇女、老人，居然不打不骂，有的还把老人扶上马，自己在前面牵马，背包裹回据点里，对小孩子送上糖块饼干，友善地讨好，对病人还给吃药打针……

应该说，这"心理战"并非没有一点作用，也有少部分群众一度动摇，特别是进入冬天，在山里无法御寒的部分群众也有过回去先过一冬的想法。太岳区和沁源县委给群众讲时事，组织大家讨论，题目是"回去，还是不回去？"几万人的大讨论在山沟里展开，最后群众达成的一致意见是："不回去！在这里啃石头，喝泉水，也不回去！"

因为，他们太清楚面对的是怎样的敌人了。1938 年以来，日军在抗日根据地的暴行，让沁源人民永远记得：

1938 年 3 月 18 日，日军九路围攻我晋东南抗日根据地，敌三十六师团清水部第一次"扫荡"沁源，占驻城关七昼夜，将城关附近村镇财物洗劫一空，杀死群众 112 人，俘走男女 47 人，牲口 218 人；次年 6 月，敌人第二次围攻沁源，杀死男女群众 1547 人，被俘去生死不明的 545 人。

1940 年 10 月，清水师团高木部队等 4 万人，以"三光"政策"扫荡"沁源 15 天，全县 99% 的房屋被烧毁，残杀男女老幼 4981 人，城关房屋 3 万余间全部化为灰烬。卫村高家沟有一家男女 39 口人一起被用机枪打死，乌木村一座楼房内烧死男女 120 人。

1941 年 8 月，敌清水师团伊藤部 3 万人以"铁壁合围"战术，对沁源进行第五次"扫荡"。在韩洪水的炭窑内，用毒瓦斯熏死逃难群众 186 人……

亲人被枪杀，妇女被污辱，房屋被夷平，这血写的事实岂是敌人几句甜言蜜语，几块糖果饼干就能改变的！有一次，县委书记刘开基在山沟里遇到几个鼻头冻得发紫的孩子，试探地问他们"想不想回家"，一个孩子坚定地说："这里就是家！"

另一方面，群众的实际困难也要解决，太岳区党委一面从外地调运粮食,一面发动群众互助救济,自力更生。深冬时节,太岳军区和太岳行署调拨的救济粮,一担担运进山来,军队也发起了"每人每天节约二两粮食"活动,邻近的安泽县发起了"节约一把米"活动,把省下的口粮用来支援沁源民众。

转移出来的群众在山沟里建成了自己的新家,他们自力更生,在山沟里打了五千多孔窑洞,赶在那年的第一场大雪之前,家家都住进了新打的窑洞。下过一场大雪之后,县委领导到沟里察看,发现白雪覆盖的山沟里,插起了一块块木牌,木牌上写着"正气村""坚定沟""顽强圪梁""伟大山头"……这些过去没有的地名,被县委和军区的领导一一标注在了作战地图上。

春节到了,山沟里还响起了锣鼓声,唱起了秧歌剧……

三

不仅要让敌人待不住,最终要把他们赶出去。到了陈赓讲的"以顽强对抗顽强"的最后关头,沁源围困战的高潮一幕上演了。

起初攻占沁源的日军六十九师团,采用了各种办法,仍然没能组织起"维持会",1943年初,敌三十六师团三个大队的敌人前来换防,声称要在一个月内完成"实验"计划。他们采取了收缩据点,远距离奔袭的作战方法,八路军也针锋相对,派出部队和民兵逼近沁源城郊,开展夜袭战、麻雀战。

春节过后,救济粮快要吃完了。这个当口,沁源城关有个老乡,摸黑混进城去,把自家磨盘下埋藏的粮食取了出来。这件事启发了沁源军民,敌人能抢我们的粮,我们难道不能去"抢"回自己的粮食?他们组织了两个公安队员和四个民兵骨干,成立了一个"抢粮小组"摸进城关,不仅"抢"回了大量粮食,还摸清了敌人的底细。原来,偌大一个沁源县城,除了敌伪兵营外,原来只住了三户"人家",一家是"随军合作社",一家妓院,一家蒸馍铺。除此以外就只有饿得到处乱窜,与敌人争食的野狗。

沁源,已经成了一座死城。

越来越多的群众加入了"抢粮"的行列。"抢粮"也成了一项群众性的运动。每到天黑,老百姓就像赶夜市一样,走出山沟,摸进敌人据点。沁源城内北街一位妇女,几次摸黑回到自己的家,不仅抢出了自家的粮食,竟还到敌人的粮站,把敌人装好的五斗小麦也找了出来。到后来,"抢粮运动"甚至发展成了"抢劫运动",一位双腿残废的退伍军人摸到据点里,抢了敌人一匹马;一位民兵英雄摸进据点,甚至扛了敌人一箱子弹出来。交口的据点里有六副水桶,一夜之间被抢去了,甚至连井上的辘轳、碾盘上的转轴也被群众拿走。敌人喝不上水,碾不出麦,只能嚼麦粒来吃。伪山西《新民日报》的随军特派员在报道中写道:"沁源城内人烟稀少,暗无天日,望之全城各处无一点活气……"真不知道这样的"负面报道"怎么就通过了新闻审查,而且登出来了。

春天来了,一年之计在于春。又到了播种的季节,庄稼是老百姓的命根子,敌人也明白这一点,他们带着种子和宣传品,从据点里跑到山区,"动员"能找到的每一个群众:"庄稼人不种地吃什么呢?皇军已经给你们准备好了种子,只要肯回据点,就发给你们。"面对敌人的计策,太岳区委提出了"劳武结合,游击生产"的号召,白天,部队和群众扛枪下地,在离敌人据点较远的地方耕种,晚上摸到敌人据点附近抢耕抢种,碉堡里的敌人发现了,部队就和敌人对射,老百姓还是扶犁摇鞭,不慌不忙。

庄稼熟了,据点里的敌人调来援兵,拉来民夫,组织了"抢收队"企图把粮食抢回据点里去。沁源则把全县民兵集中起来,配合主力部队,来一个"反抢收"。敌人收割时,民兵四处打冷枪,敌人把麦子捆好准备运走时,部队发起突然攻击,那些被拉来的民夫本来就不愿替敌人卖命,一听枪声便一哄而散,我方的"抢收队"便将敌人替我们收割的麦子全部拉回山里。

围困到后来,日军断了粮,只好杀马吃,而伪军没有马可杀,又抢不到东西，只能啃马骨头。

四

日军的"怀柔"政策失效了，恼羞成怒的敌人故伎重施，采用偷袭包围村庄，捕杀群众的血腥手段。太岳军民以牙还牙，同敌人打起了"地雷战"。

在敌人的主要补给线二沁大道上，到处布满了石雷——沁源的山里有的是石头，军区的兵工厂生产出大量的炸药，给地雷战提供了有利的条件。沁源的军民，平均每两天就要到这条路上布一次雷。很快，这条路被炸得遍地深沟，再也不能通行汽车了。敌人只得改用骡马运输给养，而且一步一试，发现可疑之处，就马上把牲口赶到沁河里涉水通行。民兵发现敌人这一做法后，又在一夜之间把公路的地形改变了，能涉水的地方全部垒起了障碍物。敌人又施一计，驱使着抓来的民夫赶着成群的牛羊在前面趟路，或者派出手持长杆的敌兵，像盲人走路一样戳戳点点，遇到可疑的地方就用白粉画圈做上记号。太岳军民针锋相对又出奇招，他们用黄蜡和油制成了密封的水雷埋在水底，发明了挂在树上一触即发的"半空雷"，还有不炸民夫只炸敌人的前踏后响的"踏拉雷""子母雷"、瓶瓶罐罐制成的"看家雷"……有时看似摆在井边的一副水桶，可一动就天崩地裂；有时看起来是树荫下的一块石头，可坐上去会飞到半空；有个村的民兵把庙里的神像抬出来摆在路口，下面压着面膏药旗，迎面还贴张白纸，上面写着"小鬼子，你敢动我？"敌人用长杆远远地把神像捅倒，看见没有什么动静，等到近前去收起膏药旗时，地雷响了……

除了地雷，太岳军民还实施了能想到的各种招数。夏天，他们把死狗扔到据点碉堡下，熏得敌人无法忍受，民兵还捉了青蛙，口中放上胡椒，悄悄放进据点外的壕沟里，胡椒刺激得青蛙整夜高声怪叫，吵得敌人整夜不能合眼。以至于，伪军中流传着这样一首歌谣："过了圣佛岭，进了鬼门关，如若死不了，就是活神仙。"而日军中的"文学爱好者"亦写下这样的厌战俳句:"日住红部(沁源司令部)夜,身在圪针巢,望虎深山虎不在,大城大乡无人烟。"

1945年3月,随着日军在太平洋战场节节失利,侵华日军再也组织不起像样的攻势。这时我太岳军区发动了对沁源的最后围攻,4000多名民兵、4000多颗石雷,把城关和交口据点的敌人围在了一张雷网之中,敌军几次试图突围,都被我军民击退。围至4月10日,日军在接应部队的策应下,仓皇逃出沁源县城。至此,沁源围困战胜利结束。

在历时两年半的战斗中,沁源民兵配合主力部队作战2730余次,毙伤日伪军3078人,俘获245人。

1945年4月21日,太岳《新华日报》载文《沁源人民的胜利》,文中说:"沁源不是靠飞机大炮打下来的,它是靠8万老百姓和正规军、游击队和民兵的一致团结,经过长期围困与最后的围攻斗争,而将敌人赶走的。"

在《沁源县志》的序中,曾在沁源战斗过的老干部裴丽生深情回忆:"在这场艰苦卓绝的斗争中,沁源人民付出了昂贵的代价。上万名无辜群众被日军杀害,1600多名抗日干部和民兵壮烈牺牲,整个沁源被焚为瓦砾。为了长期围困日军,几万群众在两年多时间里宿居深山窑洞,吃草根、啃树皮,忍受着寒冷、饥饿、疾病的折磨,灾害、野兽和日军的袭击、围剿。但是,沁源人民就像太岳山的劲松,坚强挺拔,宁死不屈。无数抗日先烈,面对敌人的刺刀,大义凛然,慷慨就义,用他们的生命和鲜血谱写出一曲悲壮凯歌,让人肃然起敬!"

沁源是中共太岳区党委、太岳行署、太岳军区和太岳区13个县抗日民主政府的长期驻扎地,加之驻扎的各野战部队约两万余人,群众负担之重可想而知。然而就在那最艰苦的岁月里,沁源人民拿出最后一碗米做军粮,拿出最后一块布缝征衣,拿出最后一块钱做军饷,宁可自己挨饿受冻,也要保证部队和驻沁干部的供应。那种精神,那种意志,那分情意,半个多世纪后仍让人不禁一声长叹。

2009年10月

黑城记

在深夜里，当汽车在村中的泥土小径左冲右突，遍寻无路，像鬼打墙一样又转回原来的路口时，我忽然意识到，可能是黑城拣回的那块陶片出问题了。尽管这时离开那座充满着苍凉魅气的废城已有七百公里之遥。

曾被告诫不要攀爬城墙，不要拿走城中物品。但是在城里看到遍地陶片，总想起七百年前这座城市被攻破时的玉碎场面，想到上边可能沾着千年前的生活气息。偷偷拿了一片放进口袋，却没有想过，这里的一草一木，都和七百年前战死的将士一样，不愿意离开这片土地。

黑城在七百年前已经死了。遗址位于内蒙古额济纳旗达赖库布镇东南约三十五公里的荒漠中，离它不远就是著名的巴丹吉林沙漠。如今的城墙已快被黄沙再度攻破，城西北角有一座喇嘛塔，城外一座小小的清真寺，原有的街道和主建筑依稀可辨，似在告诉游人昔日的辉煌。

这里曾经是西夏的黑水城和元代亦集乃路城址，蒙古语称为哈日浩特，意即"黑城"。"亦集乃"也就是蒙古语的"额济纳"。

据记载，1038 年，党项族建立的西夏国在这里设立"威福军司"。1226 年，成吉思汗第四次南征攻破黑城，1286 年在此设"亦集乃路总管府"。这里曾是中原到漠北的交通枢纽，马可波罗就是沿着这条古道走进了东方天堂。历史上，从这里走过的还应有过唐僧师徒。

1372 年，明朝征西将军冯胜攻破黑城后随即放弃了这一地区。1886 年，俄国考古工作者发现了黑城。1908 年，俄国探险家科兹洛夫在这里掘得大量西夏文物，其中包括珍贵的汉文、夏文对照的《番汉合时掌中珠》等古籍，这一重大的考古发现和掠夺行径轰动考古界和史学界。

关于黑城的命运有两个截然相反的传说。一个传说是关于叛乱：在很久以前，有位名叫哈日巴特尔（蒙古语，译为黑英雄）的蒙古族将军在此筑城镇守。他深得皇帝欢心，皇帝还将自己的小女儿许配给他。后来黑将军羽翼渐丰，竟然觊觎皇权。这一阴谋被公主报告了父皇。皇帝盛怒之下派军进攻黑城。但是大军对黑城久攻不下。皇帝请来巫师卜卦，卦象说："黑城地高河低，必有暗道通水，如将水道堵截，则必胜无疑。"于是，皇帝又增派大军赴黑水河上游的咽喉部位，军士们用头盔盛着沙土截断了河水，并筑起一道巨大的土坝。

这一招果然见效。不久，黑城内人畜饥渴，近城的禾苗枯萎。黑将军得下令突围。临行前，他把全城的金银财宝投入枯井中，又对自己的两个孩子说："你们去做财宝的主人吧！"便将一男一女两个孩子也活活埋入深井。又令士兵连夜凿通北部城墙，杀出了一条血路突围北上了。现今在黑城遗址西北角城墙上可以看到一个可容骑驼者进出的洞口，相传就是当年黑将军突围的洞口。

另一个传说是关于忠诚：朱元璋打败元朝当上了皇帝后，于1372年派大将冯胜西进兰州、攻克河西，然后沿黑河北上，直取黑城。元朝最后一员守将卜颜贴木尔和守卫黑城的元军这时还不知道元朝已经灭亡，这伙"少数不明真相的群众"仍然为了大元的江山拼死抵抗，一次次击退了明朝军队的进攻。冯胜急攻不下，便采纳了不知是谁的主意，指挥大军将城外的黑河筑坝截流，截断了黑城水源。黑河因此而改道北流，导致黑城城内水井干涸。元朝守军被迫弃城突围，大部分战死。

两个传说截然相反却同样的苍凉。以攻守双方的实力而言，黑城的生命从抵抗的那一刻就被注定了，但守军将士信念之顽强让人千年之后仍不免一叹。独立与自由，可能也就是这种意境了。我有些相信，那些战死的士兵，实际上化作附近的"怪树林"里死去的胡杨，到今仍然守护着城堡。我也有些相信，收集的那片不过方寸的瓦罐碎片，其实是不愿意离开城堡的。

怪树林就在黑城门外的不远处，大片枯死的胡杨树东倒西歪，神态各异，那些残留的枯枝仿佛一只只被烧焦的手从荒沙堆里伸出，似是灭顶之灾来临时的挣扎。那些树干弯弯曲曲的，像是临死前痉挛的躯体。我拍到一树枯枝，可能已经枯萎了千年，其造型如一只苍鹰在飞。

陶片被我丢在了宾馆。回头想来，如果我带回这片陶片，说不定它会带我再次回去一趟这座沙海孤城。因为现在我的心中，已经有了隐约的想念。

蓦地想到，被堵截改道从而改变了黑城命运的黑水河就是额济纳河，也就是传说中的弱水。弱水不能载舟，连鹅毛都浮不起。

弱水三千，我只取一瓢饮。可是，它如今在哪儿？

2009年10月

居延海

　　单车欲问边，属国过居延。征蓬出汉塞，归雁入胡天。大漠孤烟直，长河落日圆。萧关逢候骑，都护在燕然。

　　被专业司机黄师傅嘲笑了几句，我老人家一发狠，拿出年轻时一怕不苦二怕不死的气概，几乎把踩油门的脚伸到了油箱里。那辆越野车在大漠中一度飚到 190 公里时速，为的是在日落之前赶到额济纳旗。我们一行长驱 600 公里，就是为了看额济纳旗那片著名的胡杨林。

　　来到这里才有人告诉我们，居延海距此地不过 50 公里。

　　没想到离大唐的边塞诗竟已近在咫尺，一定要去看一回。

　　"居延"一词为匈奴语，其意为"天"。居延地区原为匈奴牧地，自打汉朝开始，这一词就被中原的诗歌典籍经常地提起。在唐朝，更是成为边塞诗中的高频词汇。

　　起初，霍去病大破匈奴后汉朝曾在这里屯兵戍边，创造了居延地区灿烂的汉文明。在这里走过和生活过的除了这位霍将军以及李广等军人之外，还有传说中的老子，据称老子出函谷关以后，就是在居延海附近"化胡成仙"。而且这个传说很不讲理——现在居延海已几近干枯，后人连凭吊的地方都找不到，被说成这正是老子化仙而去的证据——既然他已得道成仙了，当然也就不会有什么踪迹。

　　这种说法让我想到一个笑话，在一座废城中挖掘出了电线，当地人自豪地说，我们的先民早就用电了。另一地的居民不服，说我们那里什么也没有挖出来——这说明此地先民早就会用无线电了。

传说中还有两位大人物在此生活和战斗过，那就是周穆王和西王母；另有一个小团体从此路过，那就是唐僧师徒，从东土大唐而来，专程前往西天拜佛求经的。

比较靠谱的，有"国际友人"马可波罗先生，肯定是喝了居延海的水，前往东土大唐而去的。

最确切的是"东归英雄"群体。曾经担任过成吉思汗护卫军的土尔扈特人在元朝灭亡后，曾迁徙到伏尔加河流域。清朝乾隆时期，16万土尔扈特人克服重重阻挡，不远千里回归故土。进入额济纳河定居至今。外蒙独立时，曾派联络员来到这里，鼓动额济纳一同独立，被坚决拒绝。现在的额济纳旗面积11.4万平方公里，比江苏省面积还大，真不能想象它独立出去，中国的版图会变成什么样子，而我们要看这片居延海，该办怎样的出入手续。

居延海，位于额济纳旗北部，形状狭长弯曲，状如新月，额济纳河汇入湖中，是居延海最主要的补给水源。历史上的居延海水量充足，有着肥沃的土地，丰美的水草，是我国最早的农垦区之一。但在20世纪60年代后这里一度干涸，成为沙尘暴的发源地，号称"风起额济纳，沙落北京城。"这一情况引起中央重视，2002年，国务院协调黑河水源，将黑河水第一次调入东居延海，对东居延海进行"抢救性"输水。2003年，国务院确定的分水指标如期实现。2005年以来，连续4年实现了东居延海全年不干涸，水域面积不断扩大。

为了感谢国家的关怀，额济纳旗在居延海树起"小小居延海，连着中南海"的标牌。依我看，有些谦虚过头了。与这么有名的居延海相比，怎么可能被称为"小小"？但人家要这么说，我也没有办法。

2009年10月

胡杨林

三千年的轮回，黄沙吹老了岁月。

荒凉的古堡中再也没有琵琶，大漠落日下那箫声也已经远去。

只是，胡杨不朽。

胡杨树是地球上最为顽强的群体，它发达的根系能吸收地下十多米深处的水分，即使在年降雨量只有十几毫米的恶劣条件下，它也能生存；一场透雨，能让它旱两三年也不至枯死；如果已旱死一二十年，只要有水，依然能死而复生，根部会发出新枝。更让人称奇的是，据说一旦它受到伤害，就会流"泪"，甚至泪如雨下。

据说，胡杨从生到死会经过一千年，从死到倒下又会经过一千年，从倒下到腐朽，还会经历一千年。如果这种说法成立，我们看到的每一棵胡杨树，基本上都出生在公元前，也就是春秋战国，晚至秦汉时期。那么，它们应该见过了蒙恬、见过了霍去病和李广、见过了张骞和苏武、见过了王昭君和窦融、见过了王维和王昌龄，更不消说近代的东归英雄和斯文赫定等探险家。

好像二道桥边的那片林子还见过两个美人，在电影《英雄》里，张曼玉和章子怡就是在此地狠狠地打了一架。电影我没有看过，不过可以想象美女打仗一定比泼妇骂街好看。对了，好像还有个歌手名字就叫胡杨林，据说唱过一首歌名叫《香水有毒》，我听过的最恶心的歌。

我们要去看的，正是这片林子。从北京飞到银川，从银川到阿左旗，然后到额济纳旗，全程两千公里。很惭愧地，在出发之前，我一直不知道它的确切位置。

车近额济纳，胡杨林映入眼中，它树干粗大，造型各异，在蓝天白云映照之下，气势恢宏的大漠中，是一片美得让人心痛的金黄。那黄，简直黄得奢侈，在京城里只有皇家才能用的颜色，在这里却铺向天边。

当我们以崇敬的眼光看着胡杨树时，我相信它也一直在用悲悯的眼光看着我们。在胡杨树眼里，我们的生命不过是弹指之间。

《僧祇律》记载："一刹那者为一念，二十念为一瞬，二十瞬为一弹指，二十弹指为一罗预，二十罗预为一须臾。"有好事者由此推出，一刹那约为0.018秒，一瞬间约为0.36秒，一弹指为7.20秒。换言之，在胡杨倒下一千年等待腐朽的日子，人类的生命足以走过十多个轮回。

这么短暂的时间里，我们还要面临这么多的烦恼。放到大尺度空间想一想，这人生与烦恼是多么渺小。和树相比，我们的生命是如此短暂。有些美好的东西爱还爱不过来，哪里有工夫自寻什么烦恼。

但是又不能不承认，这是怎样的一种无奈，我们在歌颂生命不朽的同时，胡杨的生命环境却在不断恶化。那些生存的终要死去，那些死去的终要倒下，那些倒下的终要腐朽。这是不可逆转的单向过程。

想起了辛弃疾：

楚天千里清秋，水随天去秋无际。遥岑远目，献愁供恨，玉簪螺髻。落日楼头，断鸿声里，江南游子。把吴钩看了，栏杆拍遍，无人会，登临意。

休说鲈鱼堪脍，尽西风，季鹰归未？求田问舍，怕应羞见，刘郎才气。可惜流年，忧愁风雨，树犹如此！倩何人，唤取红巾翠袖，揾英雄泪？

树犹如此，人何以堪！

2009年10月

"强拆"山水,天理难容

位于洱海公园内的"情人湖"被生生"活埋"了,一片高耸林立的别墅群正在它的坟场上拔地而起。苍山洱海,这个世界级的旅游景点正在逐渐变成富人的后花园(见《中国青年报》2010年4月12日报道)。

一位大理市民为它写下了挽诗:"昨日游团山,归来泪满襟。沧海变豪宅,何是情人湖?"如您所料,这不可能挽回它的命运。

在环境恶化、旱象频显的背景下,一片湖水的消失也许算不得新闻,每年都会有同样的事情发生。但是在房地产业狂飙突进的今天,在一个著名的风景区内,一座湖泊在"招商"和"扩建"的名义下非正常消失,无论如何应该告诉公众一个说得过去的理由。

青山明月本无价。河流湖泊、水源空气这类不太容易计价的物品在经济学上被称为公共产品,它们的最大特点是没有确定的归属,可以近乎无偿获得和使用。长期以来,我们的某些地方、某些部门对此类公共产品基本持两种蛮横的态度:一是因其"无主"而肆意挥霍污染;二是因其"有利"而公然垄断霸占。前者有滇池和阳宗海,后者有如今的情人湖。不出云南一省,就可以找到例子。

如要留心,还可以找出更多。前段时间据传武汉的东湖也遭到类似的遭遇,后来开发商出面辟谣了。但在百姓心里,这"谣言"显然不是空穴来风。在经历了"钉子户"们上访、动刀乃至自焚这样的暴烈手段抗拒之后,现在开发商们强拆百姓的住房不敢像过去那样肆无忌惮痛下杀手了,但是转过身来,他们对属于公共财产的青山绿水"强拆"起来,手段却是变本加厉地凶狠。

我们想问一句：此山也不是你开，此树也不是你栽，你凭什么就要占山称王、霸水炫富？凭什么在你们"山外青山楼外楼，西湖歌舞几时休"的时候，我们百姓却要"每登山临水，惹起平生心事，一场消黯、永日无言，却下层楼"？

山西隰县东岳庙，据称是黄飞虎同志的行宫，庙门上有这么一副对联："伐我山林我不语，取汝性命汝难逃。"在一些人的眼里，认为大自然不会绝食自焚反抗，所以无所顾忌。但是别忘了上苍有眼，来自老天的惩罚会更严厉。不是不报，时候不到。我看云南的大旱，没准就是对他们填湖的报应。

不是说风景区内不可以盖房住人。天下名山僧占多，这是古已有之的事。有些风景区内的建筑，天长日久之后与风景融为一体，甚至本身也构成了风景的一部分，庐山的别墅就是如此。但是话说回来，就情人湖上的项目而言，第一，我们不太相信开发商能做到宣称的"与苍洱景观和谐统一、人与自然共生"的效果。第二，即使哪怕是出于利益，情人湖或其他什么湖必须消失，百姓依然需要一个公正透明的程序，和站得住脚的理由。

问题恰好出在这里。据说为这项目，当地规划局曾先后四次组织召开方案评审会、听证会、技术咨询会。但是百姓却表示，从没有听说过。

按照《风景名胜区条例》，以及专门下发给云南的《关于立即制止并调查处理大理风景名胜区内商业性开发建设行为的通知》，这均属于明显的违规行为。事实上，同一地区的另一个开发项目正是依据上述通知而终止，为什么它就能一路红灯却高歌猛进呢？所以公众有理由怀疑：在苍山洱海"风花雪月"的景色后面，有没有一点关于金钱和权力"风花雪月的故事"？

2010 年 4 月

含泪劝告林州百姓

二十年前的冬天,我采访过一起暖气停热事件,由于锅炉故障,一个小区的居民被冻了三天。我记得进入一户居民采访时,那汉子劈头就对我这个年轻记者说:"你给他们带个话,让他们把我送到监狱去吧——那里的暖气烧得比这儿好!"

暖气后来修好了。由于我们的一组报道,热力公司经理险些丢了位子。

二十年过去,我至今清楚地记得,那屋子里有位老者,拥着一床棉被,守着一盆热水,无助的眼神。

没有想到二十年后昨日重现,日前媒体报道,河南林州的部分居民今年大冬天被停供了暖气,更没有想到的是,停供暖气不是由于技术故障,而是为了完成"节能减排"的目标。二十万平方米的面积,连同住在里面的居民,硬生生地被推进了寒风之中。

再没有比这更匪夷所思的理由了。

前些日子就听说过一些地方为了节能减排而拉闸限电,但那都是拉的工业用电,还没有怎么影响到居民生活。在许多媒体对此颇有微词,口诛笔伐之际,我还有几分不以为然:反正有目共睹的 GDP 增长,老百姓并没有得到同步的实惠,反而被"姜你军""蒜你狠""糖高宗"之辈整得灰头土脸。这样的经济,发展慢些倒好,拉几次闸也无妨。可是如今,竟然真的向老百姓的生活下手了。我怎么也想不明白,这些官员是如此惧怕完不成节能减排任务,惧怕丢掉自己的乌纱,就是不怕为难老百姓。

　　关于节能减排我们听到的奇招已经够多了，去年年初，就有一名高人在一个很正式的场合提出过对人们的呼吸征税——因为呼吸会排放二氧化碳，不知这位仁兄有没有研究过屁的化学成分，进而开征一个新税种。到年底，拉闸限电的动作已经是此起彼伏了。据称我们国家曾做出承诺，2010年末实现单位GDP能耗降低20%，主要污染物排放总量减少10%。节能和减排的这两大目标，被层层分解到各省、市、县、乡镇，以及一些大型企业，在很多地方甚至和主管官员的职位挂钩，一票否决。

　　我不敢说节能减排不好，这项工作的确是在造福人类的未来。问题在于，如果没有记错的话，中国政府的承诺是五年前做出的——那么，前四年这些部门干什么去了？

　　这情形就像是一个可怜的学生平时不好好学习，上考场前临阵磨枪，倒也能做到不快也光，只是成绩不会太好；更像是一个平时贪吃的胖子到了年底为了完成减肥的目标，毅然绝食一周，后果可想而知。

　　问题还在于，如果胖子是在绝自己的食，我们虽不赞成倒也佩服他的毅力。可是如今他们是在断百姓的粮。按这思路发展下去，很难预料是不是有那么一天，为了节约粮食去把老百姓的嘴吊起来。这不是多虑，半个世纪以前河南那个地方刮"浮夸风"的时候，是真的饿死过人的。

　　无语，只好"含泪劝告"林州百姓：万幸的是，你们那里计划生育政策执行得没这么严格，知足吧！

2011年1月

周黑鸭凭什么？

有钱能使鬼推磨不曾见过，但是"有钱能使地铁过"却让我真的眼界大开。日前，武汉地铁江汉路站被冠名为"周黑鸭"，在网上引起了热议。

这世界真奇妙，在清华大学命名"真维斯"楼的风波停息不久之后，远在江城的一只鸭子再次挑战人们的想象力。这新闻让我想起一个段子，说的是京城几位名人吹牛聊天，李霄云说："我在北京有一条路。"汪东城说："我在北京有一个区。"张朝阳听了以后笑道："我那个区比你的大多了，另外我还在辽宁有个市。"现在这段子可以接下去了，周黑鸭完全可以站起来理直气壮地说："你们三位都别意淫啦，兄弟在武汉可是真真切切地有一个车站！"

恕我孤陋寡闻，在"真维斯"事件之前，我一直搞不明白那是个做什么的；在"周黑鸭"出名前，我也没弄清楚它到底是人还是鸭子。从这个意义上讲，正如某大学某位营销学博士教授所讲的，"企业冠名是为提高其品牌知名度"的目的，显然是达到了。我疑惑的是，武汉的名牌产品也不止他一家，至少还有老通城的豆皮、四季美的汤包之类，会不会都来效仿一下，命名街道广场啥的，让这个城市变得香气扑鼻？

我正怀疑这会不会又是一次炒作事件，用来骗粉的？友人斥道："咄！你不见贵州茅台机场和四川五粮液机场均已动工了么？"我大窘之下突然想到，幸亏"王麻子"早已过世，"狗不理"觉悟较高，否则的话，早晚有一天我会走出"王麻子"机场、钻进"狗不理"车站，也有可能到我家乡的"白丑小麻花"街道上去溜个弯儿……

  我没去过美国,所以不知道他们那里有没有一条"微软路"或者"通用街",但在咱们这儿却不鲜见,离我单位不远,就有座立交桥叫长虹桥的。据说类似机场、学校教学楼等公共或准公共设施以企业命名的事例已屡见不鲜。不过这次周黑鸭的冠名委实太"市井"了;当然,也有专家认为有人愿意出钱买冠名无可厚非,觉得这么个地铁站听起来"很亲切";还有专家分析,一个品牌在以此种方式提高知名度的同时,并不表示其所获得的利润大,等等。在我看来,这些专家们倒是当得起用一个国际品牌来命名:IBM——international big mouth——国际大嘴巴。

  而我只想问一句:凭什么?

  一个地方的地名,是当地历史文化的凝聚,一个普通的名字后面,可能是一段厚重的历史,随便改来改去,效果很可能会适得其反,例子无须多举,"文革"期间各城市纷纷命名的"红卫路""反修路""造反路",现在不都一个个改回了原名么!

  我以为,一个基本的共识是,要想获得某种命名权,得有个前提,那就是他属于你;如果不是你的,哪怕你再有钱也不行。比如说你有权给你儿子起名字,因为他是你生的。但若你觉得自己有两个钱,就想给别人的儿子起名字,显然基本上是在找抽。

  另外我还搞不清楚,这名既然是拿钱换来的,那么这钱是逐年支付还是一次性付清?如果是前者,那么有一天这企业亏了本交不起钱了该如何是好?如果是后者,那么万一有一天他倒闭了或被查封了,咱的地铁站该咋办?

  别认为我乱开簧腔,我说的可都有法律依据。国务院发布的《地名管理条例》规定:"地名管理应当从我国地名的历史和现状出发,保持地名的相对稳定。"还有"一般不以人名作地名"以及"各专业部门使用的具有地名意义的台、站、港、场等名称,一般应与当地地名统一"等规定。那些"有关部门"在拍卖冠名权的时候,难道就没有看到么?

2012 年 11 月

剪径种种

前些日子，有报道说我的家乡太原有六辆警车堵了一个公路收费站，双方僵持了两个小时之久。我去看了一个这条消息的跟帖评论，不出所料，大部分人说这个收费站早该拆了，也有部分人斥责警察无理。

我是赞成拆掉这个收费站的，骂警察无理的网友大约多是不明真相。我对于警察所做的事腹诽得也很多，但独于这一件事，认为他们代表了先进生产力的发展要求，代表了先进文化的前进方向，代表了广大劳动人民的根本利益。

话说这家收费站当初的来历，原是山西省在公路建设资金紧张之际，时任省委书记的胡富国声称"卖掉省委大楼也要修建太旧高速公路"的背景下，一家港商给了省里几千万元钱（具体数字记不清了），帮助修成了太原到榆次的一条高等级公路，当时，这是山西第一条"超一级"公路。通车之日，胡书记高兴得一路边走边看。顺便说，胡书记他老人家对路情有独钟，在太旧高速公路通车之时，他还曾亲自化妆登台，表演家乡戏上党梆子，慰问筑路功臣。

话题还是回到这家收费站，那家港商充分利用了胡书记的善良，搞了个趁火打劫。这钱不是白给的，条件是让他们在太榆路上收20年的费。国家规定的公路收费站距离不能小于50公里，而太原到榆次之间不过20公里，每过一辆车都要收费10元，确实够黑的。如果从太原市区到机场，走高速公路只需收费5元，而走这条慢且堵的低速公路却要收10元，难怪人们意见很大。每年的两会，人大代表和政协委员都要提出这个议案提案，建议把这家收费站拆掉，然而交通厅受到港商当初协议的限制，一直没有动作。

小时候看《水浒传》，看到"剪径"一词曾十分不解，现在看来，这词用得真是十分传神，你看好好一条道路，他盖个收费站，就像用一把剪子"咔嚓"一剪两段，你要从这剪刀口上过，也只好听他念一通"此山是我开，此树是我栽。要想从此过，留下买路财"。所不同的是，过去的"二十字真言"，如今被"某某人民政府通告"所替代。

据说国外很少有收费公路，我没怎么去过。我曾去过的唯一外国朝鲜，确实是没有一个收费站，在国内我去过西藏，大约是全国唯一没有公路收费站的地方。问及这个问题，西藏朋友说，路都是国家投资修的，收费没有道理。有一次在去日喀则的路上，有一段公路翻修，我们的车只好绕行村庄，遇上了村民收费，交了10元钱，领回一张写着藏文，盖着大约是村主任大印的纸条，我的同事视为文物收藏起来。

像西藏这样的情况，全国大概是不多的，相反，遍地可见的是各种各样的"剪径"，基本可以说，每条公路通车剪彩之时，就是有关部门收费剪径之日。按说修桥修路，历朝历代都是政府职能，可如今几乎每个收费站前都写着大字标语"贷款修路，收费还贷，取之于民，用之于民。"只有鬼才知道，他们的还贷要几百年才能结束，但是猪也知道，他们取之于民的钱，基本上都用之于官了。

说到太原这家收费站，后来可能被舆论逼得不好下台了，当然更可能是钱早就收够了，于是和山西省政府谈判，条件一降再降，后来谈到由省政府补偿他们1亿元，他们拆了收费站回香港发财去。可是此时的山西省省长于幼军不是好哄的，他说，花这1亿元，我不如再修条路。按照这样的思路，太原市"机场大道"正在建设中，建成之后，从市区到机场将不再经过这个收费站——你就慢慢收钱去吧。

也可能正是这个原因，这家收费站正上演最后的疯狂，不仅收老百姓，连警察的账也不买了。也可能正是这个原因，我断定这家收费站在世的日子不会太久了，你只要看看那《水浒传》中，包括李鬼在内的每个剪径者的下场，就会知道我所言不虚。

2007年4月

谁让你去的

有人对我说香港那个地方是"购物天堂",虽不曾去过,不过依我看来,只要买到的奶粉里面没有三聚氰胺、鸭蛋里面没有苏丹红,那基本上就是和天堂差不多的日子。

直到两年前的某一天,一位乒乓球前国手,大约是没有足球队的国脚们那样有钱的缘故,在香港的一家旅游商店没有购物,就被导游小姐痛斥了一顿,随后心脏病发作去世,我才知道购物天堂原来是这样的意思:如果购物的话固然有天堂般的享受,但如果不肯掏腰包的话,也有别的渠道直通天堂。

从此,旅游团的导游——那些负责把你带上天堂的天使们,一直是以威风凛凛的形象示人。果然不出所料,去年7月,又有一团不肯掏钱购物的穷措大,被一名叫阿珍的导游以"没饭吃""没酒店住"等恐吓性话语要挟和辱骂,更怒斥:"我给你吃给你住,但是你们不付出,你这辈子不还,下辈子还是要还出来!"今年大年初三,一名导游小姐又和内地游客打起来了,打得头破血流,还闹到了香港的公安机关。原因是团队被安排到一家珠宝店逗留超过两个小时,最后团队游客并无购物,导游便用脏话谩骂他们,接着便发生争执。

我一直不太明白,为何香港的导游如此痛恨来自大陆的"表叔"们,直到有人告诉我,目前大约八成香港导游没有基本底薪,绝大部分收入是通过购物抽取佣金。原来如此,摸摸腰包,如果不硬还是不去为好。

为什么会有如此奇怪的薪酬制度,我搞不懂也不想搞懂,那是人家香港特区的事。可是我觉得，起码应该事先把这情况告诉大陆游客吧，诚如是，我相信大部分有爱心的游客，看到在资本主义社会生活在水深火热中的阶级兄弟们，还是会直接或间接地扶贫送温暖的。咱们不差钱，据说卖掉北京市，足以买下整个美国了。

因此我想劝导游小姐息怒，客人并非人人都是两条腿的钞票，你和他们的关系也不是发生关系就得交钱的关系，人家不肯消费，还真的不好下手从他们口袋里硬掏——那就成抢了。就算你带他们去的不是天堂是地狱，奈何桥头的那碗孟婆汤也是免费赠送的。如果带他们到孟婆购物中心，不肯花钱买汤喝的都拒收，直接赶回去，想必全体游客定会欢欣鼓舞。不过，牛头马面和无常失业之后找你的麻烦，我可管不着。

另外还想劝那几位游客，这不过就是一场旅游纠纷，何况事后旅行社已经赔了十二万港元，是团费的十倍。还是就事论事的好，千万不要上升到人格国格的高度。前几年有一位女游客在美国让警察打了一顿，声称要"代表十三亿中国人讨个公道"，洒家当时就声明：我可没派你出国，别代表我。后来才发现确实至少有一部分是我派出去的——那姐们花的是公款出国，当然有俺们纳税人的一份贡献。

但是一提这事，那厮竟然泄了气，悄声作罢。早知如此，何必当初呢。

2011 年 2 月

这一张假船票能否登上你的贼船

听说"泰坦尼克号"要落户四川某县了。而且据称《泰坦尼克号》电影导演詹姆斯·卡梅隆在获悉这一新闻后,当即表示:"如果真能重新诞生一艘原汁原味的泰坦尼克,那简直太棒了。"听到这消息我吓了一跳,当看到报纸和网上言之凿凿之后,惊得我险些起立敬礼,很有些恭迎阿富汗海军司令大驾光临的样子。

呵呵,你也知道阿富汗根本没有海,也没有海军。可是我要告诉你的是,那个县还真的有个"中国死海"——是个盐分较高的水池子,而这艘起死回生的著名邮轮,则是该县斥资百亿元打造的"浪漫地中海七星国际文化旅游度假区"的重要组成部分。

如果认真细究,说那"中国死海"还勉强能和以色列的死海扯上一丝干系——据说两者的海水成分相似,盐含量都比较高。但是,那艘"泰坦尼克号"无论从哪个方面说,与四川这个内陆县城都是一毛钱的关系都没有。我不知道是谁想出的这个馊主意,依我看,这个项目华而不实,是典型的形式主义;显然是有关方面拍脑袋胡乱决策,是典型的官僚主义;在中央三令五申厉行节约的背景下,打造这么一个项目试图"让现在的人们,在这艘新的泰坦尼克号里,充分体验和感受到当年泰坦尼克的生活场景",是典型的享乐主义;更何况这项目投资据称达到百亿之巨,无疑是典型的奢靡之风。——这简直是妥妥的"四风"啊!

这些年在"发展旅游"的旗号下,各地大办各种节庆和营造各种项目,几乎到了无所不用其极的程度,但凡沾点边的,不容分说先抢过来再说。我的家乡某处，据说被考证为罗贯中故里，结论还没确定，县里二话不说抢着盖了个"三国演义城"，然后……就一直荒废到今天。还有某县不知道被谁考证出来是牛郎织女传说的故乡，于是大力打造"七夕"旅游概念，好像到今天也没什么起色。据说有个地方，连西门庆的故里都互相争抢得不亦乐乎，试图打造出一张旅游名片来。这好歹还算是沾点边的，至于那些连边都沾不上的，只好生造。前段听说有人把孙悟空的出生地都考证出来了，我不知道是哪块石头。做到极致的，大约就应该算是这个既糟蹋文化又糟蹋钱的"泰坦尼克四川之旅"了。这等做派，和制造假冒产品也就相去不远了。早些年鄙省抓了个制造假农药的贩子，受审时法官问他为什么要造假，那老兄理直气壮地说："因为真的不会造么！"我以为，这个宝货起到的最大作用就是从另一方面提高了该县的知名度：被人当作笑话看。

　　说到那县里发展旅游的良苦用心，应该说也是令人同情的，但还是要在真内容上下功夫，指望靠这个风马牛不相及的玩意就要打造出"全域游"，怕是靠不住。说一千道一万，归根到底"假的就是假的，伪装应当剥去"，造船的那家公司声称"为获得原泰坦尼克号原样图纸，付出了数百万美元代价。"显然是醉翁之意不在酒，在乎你的钱包之间也。不是我不厚道，但我着实怀疑这项目的前景，试想下，能有多少国内外游客，会大老远地跑到这个内陆县城，去看一条除了名字相同以外其他方面和泰坦尼克没有一点关系的假货？尽管你买的是"假票"、看的是假船，但花的可是真钱。万一，如果这船上弄点质次价高的宰人旅游项目——这不是没可能的，旅游景点宰人的事情多了去了——那岂不是上了贼船。

　　月落乌啼总是千年的风霜，逃生医救不见当初的夜晚。既然你可以复原泰坦尼克，那么我也可以复制郑和的宝船，照这节奏发展下去，哪天有人把诺亚方舟重新造出来，也不是没有可能的。哼哼。我倒要看看，今天的你们怎样重复昨天的故事，这一张假船票能否登上你的贼船……

2013 年 11 月

盖不完的教堂，赎不完的罪

巴塞罗那城里有一个著名的去处，名叫神圣家族大教堂（Sagrada Familia），一般被简称作圣家堂的，但是带领我们去那儿的小徐，一位来自上海的留学生一口咬定其全称是"神圣家族赎罪大教堂"，好吧，反正我们也不懂西班牙文或者加泰罗尼亚文，且姑妄听之。

只是我搞不明白这么神圣的家族到底有多大的罪要赎，以至于这座教堂从1884年动工到现在，盖了一百三十年还没有完工。

它的设计师、西班牙著名建筑大师高第想来会很遗憾，他从1884年接手这件毕生之作，到1926年去世时还没有看到它完工。但是如果高第地下有知，晓得这教堂在他去世后八十多年仍然没有盖完，而且据推测还要再盖二百年的时候，不知做何感想。不过，让他老人家可以含笑九泉（如果外国也有九泉的话）的是，这教堂的四个立面中刚盖完的那一个，便已获得了世界文化遗产的称号。还没有完全诞生便成了遗产的，恐怕是独此一家吧。

听了讲解，我们方知这教堂确有几分难盖，高第接手这活儿之后，对原有设计进行了颠覆性的修改，整个建筑没有一根直线，因为高第说："直线是属于人类的，曲线才归于上帝。"他的另一件作品"米拉公寓"，从外面看去就没有一处直溜的地方。还有一个难处，是整个教堂没有一张图纸，高第只是制作了两个模型，而这模型又毁于战火。更要命的是，高第对其要求极端苛刻，严苛到每尊雕塑都要有真实的模特，立柱之间的连接追求透明的树叶那样的效果……凡此种种，不一而足。总之一句话,怎么别扭怎么来。

仅因为施工难度,似乎也不能成为它一百多年都盖不完的理由,百年以后的建筑科技,毕竟进步多了。那么是因为缺钱?旋即我们被告知,这工程从来没有缺过钱,不久前欧洲一个文化基金会刚给了三十亿欧元。建筑科技如此进步,资金如此充足,有何难哉!我们中的一位指着工地上那座慢条斯理的塔吊,拍胸脯道:"给我一个河南包工队,保你在圣诞节前完工,给上帝的生日献礼!"

但是且慢,人家直接告诉我们,要到这教堂工地上来当工人,必须满足几个条件,第一,必须是虔诚的天主教徒,也就是说要有崇高的信仰;第二,必须有建筑业的高级职称,也就是说要有高超的技艺;第三第四还有其他若干种种,不曾听得清楚。显然同时符合这几项的人不太好找,所以现在整个建筑工地上,也只有七十五个人在干活。但是每一道工序,都是崇高信仰下干出的精品工程。

说到这里,我才真正地吃了一惊。这哪里是在盖教堂啊,简直是在盖天堂。这也不是在用双手干活,而是在用整个的心灵。这更不是在赎罪,从历史角度看显然更像是在记功。

也许我们不能理解,教徒们把盖教堂看作与上帝交流的方式,但是我们应该尊重,那些心怀信仰的建筑工人,在"慢工出细活"的过程中表现出的那种精致与从容。更值得尊敬的是,对这幢矗立了一百多年的半成品,几代巴塞罗那人都没有着急与烦躁,"市领导"也不曾要求其"限期完工",而是从容地等待、耐心地守候。看样子再盖个几百年,他们也不会着急。从这种态度中,我们真实地感受到了那匆匆流逝的时间之河中长存的某种从容与永恒。

从中外历史上看,历时弥久的建筑多与宗教有关,比萨大教堂用了221年、亚眠大教堂用了190年、米兰主教堂用了100年、佛罗伦萨主教堂用了200年,而西敏寺教堂、科隆大教堂都用了500年的时间。在中国,云冈石窟的开凿费时60余年,龙门石窟以400余年的时间营造,敦煌莫高窟据说用了900多年。而世俗的建筑多是快速的,我们早已习惯了"当年开工、当年完工","一年一小变、三年大变样",或者今年盖了明年拆掉,后年再盖。我的家乡,某个中部城市,近来不断地大兴土木,整个城市变成一个硕大的工地。从大尺度的历史看来,将来青史留名的会是哪一种,现在就可以昭然若揭了。

2013 年 7 月

无所适从的"替罪雨"

云南新三公路通车一天就断掉了,事后有专家说是被暴雨冲断的;无独有偶,开通刚十多天的京沪高铁也断电停车了,专家的解释还是被暴雨冲坏了接触网。无怪乎有网友说天气也成了高铁的不可抗力,高铁真的是迅速在向民航看齐,更有人揶揄地建议云南那段公路应该先打上雨伞再通车,高铁呢,也该给接触网安上防雨棚,好让旅客一路不见天日地开到上海去。

说实在的,我们不是不相信暴雨的力量,至少6月23日北京那场暴雨的破坏力是有目共睹的。虽说网民编出的"新燕京八景"之"陶然碧波,安华逐浪,白石水帘,莲花洞庭,大望垂钓,二环看海,机场观澜,后海惊涛"中有几张照片被证伪,但一场大雨能把一个城市搞成这个狼狈相,也实在足以让市政等有关部门脸红。与此类似的,还有武汉、重庆等。

但是暴雨的确也有被冤枉的时候,三年前的襄汾"9·8"矿难,一场泥石流冲垮了尾矿大坝,造成二百五十四人遇难。当记者赶到现场时,当地宣传部门把灾难原因解释为一场暴雨。但可惜的是,那场不争气的暴雨竟然没有来,现场百姓证明当天只下过一场雨过地皮湿的小雨。那位宣称暴雨的董姓领导从此得了一个绰号"董暴雨"。

当然,该来不来的暴雨也有可能成为罪过。前几个月长江中下游大旱,洞庭湖见底,洪湖"风吹草低见死鱼"之际,有人对三峡大坝发了几句微词,就有水利专家说,主要原因还是没有降雨所致,替三峡开脱。

如此说法，若暴雨有知，真的是无所适从。不由得让人对那雷公电母、云童雾郎、风婆婆、巽二郎、敖广兄弟暗自担心：来也不对，不来也不对，里外不招待见，情何以堪啊。

问题是，道理就怕来回讲，云南那条道路有很长的一段想必是共沐风雨，何以只塌了那一小截？京沪线上的暴雨，肯定也没有精确到像茶馆的茶博士那样，能把倾盆之水点滴不漏地倒在那娇贵的接触网上；水漫京城的那场暴雨，下得更是一视同仁，那么为什么"新八景"之外的许多地方，例如我们单位的院子里，却没有被淹成"积水潭"？

再仔细分析，云南那条公路，有着未批先建和赶工期的"前科"，京沪高铁赶在 6 月 30 日通车，未免有给重大节日献礼的嫌疑。这样一来，科学与规律就难免得不到应有的尊重。事情一出，推给天气确实是个省力的办法，但是只怕难以服众。

"替罪羊"的传说有两个版本，一个来自《圣经》，一个来自我国古代的齐宣王。在两个版本里面，那只羊都是无辜的，只不过一个替人挨了刀，一个替牛丧了命。今之高人，发明了"替罪雨"来为自己的失误买单，也算得上挖空心思。只是科学这老先生脾气却大，并不是谁官大他听谁的，相反只有你听他的，否则轻则出丑、重则受罚。

2011 年 7 月

狗不叫，性乃迁

楼下的邻居新近养了条狗，不知道是什么品种，因为我没见过，只是听过——每次有人从他门口路过，那狗都要在门里声嘶力竭地狂吠，有时还能听到挠门的声音，看那架势一定是想冲出来把这些过客痛咬一顿。邻居们经历过共同遭遇后得出结论：这狗没教养，不是条好狗。

我也认同这一结论。但认同之后突然想起：在这个城市里，我们有多久没有听到真正的狗叫了？

很长时间以来，每天都能在小区里和道路上遇到各种各样的狗，却真的没有听到过几声狗叫。这些狗们大多都像鲁迅先生描写的那样"折中，公允，调和，平正.之状可掬"。而且显然"它的事业，只是以伶俐的皮毛获得贵人豢养，或者中外的娘儿们上街的时候，脖子上拴了细链子跟在脚后"。

如此看来，契诃夫那句名言是过时了。他说"有大狗，有小狗，所有的狗都应该各自用上帝给他的声音叫"。还有，流传了千年的那句俗话如今也过时了——"狗改不了吃屎"——这个显然早就改了，你现在还能找到一条吃屎的狗么？反正我只见过跟在狗后面收拾狗屎的主人。另外，"捉住老鼠就是好猫"似乎也不对头了——现在的猫们肯老实地吃猫粮而不去偷鱼，已经算是职业道德相当好了。

我一直想探究这"万狗齐喑"的局面是怎么来的。古时候一向是把"柴门闻犬吠，风雪夜归人"以及"犬吠深巷中，鸡鸣桑树颠"当作美丽的田园风光来赞颂的，想那狗们，自古以来也定是为吠叫为己任，一犬吠形，百犬吠影，那是很壮观的景象。之所以成了今天这样子，用很书呆子气的话说，就是随着社会文明的演进，城市化水平的提高，田园牧歌式的社会结构解体，带来一系列生活方式的转变——包括人从农民变成市民，也包括狗从看家护院的伴侣动物变成玩赏的宠物。在这演变过程中，或许有些狗们起初还试图坚持叫的，结果因为太过"扰民"而受到各种惩罚甚至品种淘汰。狗们又是很聪明的物种，很快悟出人类既然不再需要看家护院，那就只好一味去卖萌争宠好了。

于是慢慢地就造成了"狗不叫，性乃迁"。由于"友好型"的狗受欢迎，爱叫的狗遭厌弃，选择的结果，遍地都是只会摇尾乞怜的狗们，除了改不掉在电线杆、车轮胎处撒尿的本性外（若干年后进化得改掉也未可知），简直一切完美。只是这完美中也难免产生悲剧，某朋友家养了条宠物犬，性极温顺，有一天家里进了贼，那狗不仅一声不吭，还友好地与贼玩耍给贼指路。那哥们回家一看劫后惨象，立时三刻将那狗打发送了人，换了条藏獒来养。可怜的那狗，也许至今还不明白被主人丢掉的原因是什么。

你说这悲剧能怪狗么？狗们若有知，自然是不会同意的。鲁迅还写过一篇《狗的驳诘》：

> 一条狗在背后叫起来了。
> 我傲慢地回顾，叱咤说："呔！住口！你这势利的狗！"
> "嘻嘻！"他笑了，还接着说，"不敢，愧不如人呢。"

> 我一径逃走，尽力地走，直到逃出梦境，躺在自己的床上。

想我等人们，在某些方面与狗又有何异。涉世之初不谙世事，或曾不知天高地厚地"叫"过几声，赞之者谓"初生牛犊不怕虎"，自己也欣欣然。到后来吃过几记闷棍，进过几次冷宫之后才慢慢明白，这世道是由不得你胡乱叫的。当然不叫也不对，要学会该闭嘴时闭嘴，该开口时开口，叫得恰到好处，你就可以像狗那样讨人喜欢了。这方面倒要向公鸡学习，要懂得掌握时辰，叫得晚了主人懒睡忘记了上班，自然怪你；若叫得早了，比周扒皮还勤勉，搅主人清梦，那也就离杀头不远了。

但这般修炼境界，该如何掌握火候才能拿捏到位，难哪。

或许，到乡下去做一条野狗，也好。

2013 年 9 月

无趣的"讨价还价"

外国的月亮并不比中国的更圆,本人在欧洲的时候可是亲身体会了这一点。罗马机场并不比太原机场更干净,虽说地面上找不到烟头(其实咱太原也找不到),但随处可见的斑斑污渍也照样让人看了不爽。至于被多名公知人士吹捧过的"路口没车时也照样等红灯过马路"神话,经过观察也靠不住——我曾不止一次、不止在一处看到洋大人们顶着红灯过马路,有照片为证。虽说大部分时间汽车还是会礼让行人,但也未必总是这么高风亮节,我在都灵的两处路口看到路灯杆上挂着照片,下面供着鲜花,一问,果然是在纪念死于该路口的行人。看罢暗吸一口冷气——我若真听了那些猛夸"洋文明"的忽悠,不留神变成照片也未可知。

但是外国的月亮确实有一处比中国的更圆,那就是在商场里从来不曾见到讨价还价。我一向不喜欢逛商场,但这次出于安全和礼貌,还是硬起头皮陪着同行女士们参观过几家。从品牌旗舰店,到老佛爷商场,再到某处名为"奥特莱斯"、形同集贸市场的大卖场,商品价格差异高达数倍,但有一个共同特点,就是处处明码标价,说一不二,没有讨价还价这一说。这一点实在讨我喜欢,便随手买了几件杂碎,算作以实际行动对他们的高度赞扬。

人们经常诟病中国人到了外国,总喜欢涌向商场"血拼""狂扫",称之为钱多人傻,还往往扯上"国民素质"之类的话题。依我看,除了有些人真的钱多人傻之外,人家的商场里价格公道也是一个不可忽视的因素。因为确实，即使在标价最贵的店里买回的东西，也比国内便宜许多——咱们的同胞其实钱未必有多少，但真的没有傻到不识数的程度。同样是购物，在国内上当的经历往往会让你惨痛到无以言表。有许多次，我在不同的旅游胜地看到同样的商品被不同的人买到，价格相差好几倍，让那位买贵了的几乎当场疯掉。

我认为"传统文化"中最恶劣的一点，就是商业中的"漫天要钱，坐地还钱"。你看那要价的定是百般吹嘘，将自己夸个天花乱坠；那还价的定是千般贬损，把对方贬得一无是处。讨价的常用招数无非瞒与骗，恨不能把山寨货卖出天价，那几位搞"汉代玉凳"和"金缕玉衣"的，据说是三年不开张，开张吃三年，说白了就是抓住个冤大头一次宰个够。然而这年头骗子太多以致傻子不够用，广大劳动人民的辨识能力也在迅速提高，还价本领日益增强，而还价的招数也不外乎是哄与诈。很久以前，曾经有一位老兄教我旅游购物的砍价经验：从三分之一处砍起，砍到二分之一处成交。我照此办理过，却仍是吃亏。直到前不久另一位老兄说，那已经落伍啦，现在流行的是把标价后面去掉一个零，然后再砍掉一半。哦，天呐，这已远远超出我想象力的范围了！

讨价还价背后反映的实质，其实是店家与客户之间的互不信任。我看到的绝大多数，是店大了欺客，客大了欺店。所谓价格公道童叟无欺，我怀疑历史上根本不曾有过，如果有，也许是那童叟被忽悠到受了骗尚不自知。讨价还价背后反映的实质，也可以说是店家与客户的互不自信，谁也没有信心以自己满意的价格成交，只好各自施计，考验对方的谈判艺术与耐心程度。在这种讨价还价中，最核心的货品的价值，反倒被放在了次要的地位。

其实讨价还价谈到最后的结果，多数时候是一个大体公道的价格。既然如此，那么我们大家能不能都省心些，从一开始就定个公平的价格呢。

这等简单事，想来是那些聪明人不肯干的吧。

2013 年 7 月

众生万象

让领导飞到哪里去？

报载，5月8日，海南航空宁波至北京的某次航班原本计划18时起飞，因天气原因未能准时起飞，空中管制解除后，本应后起飞的另一航班却因一位"重量级领导"在机上而"按有关规定"提前起飞了。事件发生后，乘客纷纷发难。日前宁波机场总经理专门发布致歉信，但从舆论反应来看，广大不明真相的群众还是不依不饶，大有要把那位领导人肉出来，或者把那条规定搜索出来的架势。

对此鄙人很不以为然。依我看来，这有什么好嚷嚷的——那位重量级的领导起码还是和许多轻量级群众坐在同一架飞机上，领导乘坐的头等舱，也一定是和后面的普通舱同机抵达。机场方面和机组人员没有安排领导比飞机先到，所以这"有关规定"也算不得创意无限。更何况，"领导先飞"是在由于天气原因而导致的空中管制之后，也就是说，面对着高空的恶劣天气，领导是有了几分"越是艰险越向前"的探路勇气，实在是不能和克拉玛依大火中的"让领导先走"同日而语的。

相反，我倒是很为领导的安危担心。宁波机场的如此安排，与其说是对领导的尊重，或如网上所说的是对权力的献媚，倒不如说是存心陷领导于危境。若是不信，我随手可以举出两个例子。最经典的是《列宁在1918》，上了些岁数的观众想必还记得那电影里的经典台词："让列宁同志先走！"——随后列宁就被女特务打了一枪。近的也有，十多年前的东航包头飞上海的某次航班，也是在某位领导的指令下强行提前起飞，结果到今天那架飞机的零部件，还散落在一个公园的湖面之下。所以说，要让我解读他们"让领导先飞"和"祝领导一路走好"的做法，定会读出别有用心的含义。更不消说，他们的做法显然还致领导于道德危境——"让领导先飞"看得见的后果，就是"飞"得离人民群众越来越远。

汉朝的时候，有人给汉文帝刘恒献上一匹千里马——显然含有"让领导先走"的意思，结果被刘恒同志给拒绝了，皇上强调指出："鸾旗在前，属车在后，吉行日五十里，师行三十里；朕乘千里马，独先安之？"这段话翻译成现在的意思是：领导班子前呼后拥的，视察工作一天走五十里，行军一天走三十里，你让我一个人骑着千里马，远远地走到哪里去？不能说现在的领导不及过去的皇帝明白事理，相比之下，现代生活节奏加快，领导工作起来只争朝夕，恨不能千里江陵一日还，也是件利国利民的好事。只是这"领导先飞"事件中，起哄的围观群众提出的要求也并不算高，他们只想知道真相：到底是哪位领导，有什么重要公务？

2011 年 5 月

从"非典"到无盐

吾友王真人擅于编造历史,日前根据"抢盐风潮"考证出古代有一美女,因为没有抢购到加碘盐,在核辐射来临时被搞大了脖子,因变丑而嫁不出去,抱憾终生,故取名无盐。和东施一样名列丑女榜前列,流芳千古。

平时不怎么去商场,抢购盐的盛况也没有亲见,不过可以据经验想象出来。历史上两次比较大的抢购风潮吾曾躬逢其盛,第一次是在1988年前后"价格闯关"之时,百姓抢购单上,大至电视冰箱,小到食盐手纸,莫不具备,商场险些为之一空。第二次是八年前"非典"之际,不明真相的群众大批抢购板蓝根和醋。无端地让身处醋乡的我为家乡特产自豪了一回,慷慨送人若干,让他们家中酸气逼人。

那次王真人考证出的是,三国时典韦在战场上多次救过曹操的命,后来在典韦的追悼会上,曹操致词痛泣道:"非典,吾命休矣!"

除了1988年那次有着深刻的政治经济背景之外,其他的两次抢购据称均是出自谣言。不能不感叹这谣言生命力恁地强盛,一有风吹草动,立即卷土重来。每次,政府都要苦口婆心地提醒群众,不要造谣、传谣、信谣,要相信政府自有妙计安天下。但似乎每一次辟谣的脚步,都没有跑过谣言的翅膀。

依我看来,这"三谣"实际上是两个层面的问题。对那造谣的,理应捉住严惩。这次抢盐风波的发源地浙江,就依稀可以看到浙商游资的魅影,他们除了炒姜炒蒜炒豆子,这次还炒盐兼炒股,对盐业概念股上下其手，大发横财。我看如此用心险恶手段阴毒制造恐慌的，枪毙也不为过。但是，对于那些传谣信谣的不明真相群众，却是情有可原。他们无法及时从正规渠道得知正确消息，不信谣言你让他们信什么？

　　谣言生于恐惧、止于真相，这是谁都明白的道理。关键在于，要把真相及时地告诉群众，而不是一边捂着真相，一边指责他们不明真相。八年前的这个时节，"非典"已经爆发了，卫生官员还在煞有介事地再三宣称"北京是安全的"，我们成天提心吊胆，生怕着了道儿。等到真相公布，全国动员抗击"非典"之际，洒家随即带了只防毒面具，不知死活地混迹于各大医院重症监护病房，采访医生患者，写回报道若干。后来还混了个"全国抗击非典先进个人"，现在想起，梦里心惊。

　　这次的抢盐风潮也趋于平息了，做法其实很简单：公开真相，敞开供应。盐这玩意虽说是生活必需品，但每次毕竟只有一小撮，我就不信有谁吃过的盐比我吃过的饭还要多。不过，如果机制依旧，这次不抢盐了，不知下次会抢些什么。所以，要形成一套成熟的长期应对机制，让谣言无所遁形，还是要在提高公众科学素养和提高政府公信力两方面下功夫。

2011 年 3 月

万一真的炸了

2月10日凌晨2点，有人传言江苏省盐城市响水县陈家港化工园区有化工厂将发生爆炸，在陈家港、双港等镇区造成恐慌，大量居民离家外出，道路严重拥堵，四人在一起交通事故中死亡。经查实，"化工厂将爆炸"原系谣言，当地警方正在追查造谣惑众者。

据官方报道说，事件发生后，"县委、县政府主要领导、分管领导高度重视这一事件，在得知情况后的第一时间，立即启动应急预案""同时通过手机短信、政府网站、电视、电台及时向社会公布事件真相"。

说实在的，俺不是那地方人，也不知道政府的应急预案内容是些什么，只是对响水县那些草木皆兵的不明真相群众充满了同情。

三人成虎、曾子杀人，可以骗过一个国君、吓跑一个老太太，那前提得是，造谣的、传谣的要比信谣的人多。一个人、一句话能让全城的人民行动起来，只在特定的历史时期发生过，一句最高指示发布，全城人民连夜起来游行欢庆。那可是伟大领袖发布的、句句是真理的最高指示啊，除此以外，哪个还有这等本事？

一个谣言能惊跑一城的群众，绝不是造谣者神通广大，肯定是背后有别的原因。果然，后面的报道中得知，事实是当天凌晨确有不少群众闻到刺鼻的气味(当地安监、环保等部门至今未查清气味从何而来)。而且，陈家港化工园区是一个化工企业集中区，去年11月曾发生一起氯气泄漏事故，造成30人中毒。在2007年11月，更是发生一起爆炸事故，至少造成7人死亡、数十人受伤。既然有此"前科"，当地居民急于逃命，就是可以理解的事，换了我，我也逃。

更重要的是，政府"辟谣"之后，你更需越发地小心。去年山西地震局就辟了一回谣，说近期不会有地震发生，结果两天之后，运城就发生了四级地震。我们见过更多的，还有政府辟谣说油价不会涨，那油价就应声涨了上去；政府说了北京很安全，那"非典"很快传遍了全国。

是的，老百姓往往不明真相，可问题是，那明白真相的总在哄我们。

所以，遇到同类事件，该跑还是要跑，万一，它真的炸了呢？

2011 年 2 月

莫让真相总"悬浮"

近些日子以来,四川会理县的三位领导名声暴涨,这三位至今我们叫不上来名字的领导,因为一张PS照片"走向世界"。原来,县政府工作人员为了收到更好的宣传效果,把三位领导"挪"到检查一条公路的现场。由于PS的手艺太差,被网友一眼看出,称之为"磁悬浮领导"。随后引发了一场"PS恶搞运动",这三位可怜的领导被安放在了阿富汗、美国中央情报局,以及水漫京城的现场等地。

然而会理县的处理堪称及时得当,他们当即在网上承认了确实有过PS行为,公布了原始图像并真诚道歉,当事人在承认错误后,自嘲性地连续发布了几条微博"感谢网友让我们领导免费周游列国,现在欢迎大家到会理县旅游",同时发布了一批绝无PS的会理风光图片。这态度很快得到了网友的谅解,并在某种程度上"坏事变好事",提高了会理县的知名度。依我看,如果那三位当事领导趁势发起一个"PS大赛"并亲自给获奖者颁奖,也许事情会以更加喜剧的效果收场。

因为被PS的图片中有一张是三位领导出现在调研"郭美美事件"的现场,不免对这件近期网络当红事件再提几句。一位年纪轻轻的"红十字商业总经理"因在微博上炫富而引发网民无限的猜想与追问,从哪方面说均应在情理之中,但是从事后的回应来看,无论是红十字会,还是商业红十字会,以至中红博爱公司的解释,都有几分吞吞吐吐,显得勉强而牵强。这一事件最新的进展是,北京警方宣布调查结果,郭美美和红十字总会无直接关系。这结果显然仍不能平复网友的疑问——那么有没有"间接关系"？如果有，又是怎样的关系呢？与会理县"磁悬浮领导"的尘埃落定相比，郭美美与红十字会的真相，显然还浮在半空。

两件事情，其实牵出的是一个问题：如何对待网络上批评的声音？应该承认，如今的网络已是一种不容忽视的力量，如果把微博之类的网上社交工具当作一种全新的媒体也不为过，这种媒介的力量，甚至强大到引发过中东的政局动荡。在这种情况下，如果对其不闻不问，或者以传统管制手段一味打压，显然不是上策。前些年"正龙拍虎"事件之后，有关部门不是虚心听取意见而是拼命掩盖真相，一味死扛，结果已是众所周知；前两天南阳市民对在政府网上信箱提出意见，竟得到公安局"听其言、观其行、观后效，密切关注你的煽动性言论是否造成不良社会影响"的威胁性回复，在引发众怒之后，公安局不得不道歉；还有市民向市长信箱投诉自己"挨宰"经历，得到的答复是"凡事都有第一次"，更是传为笑柄。

阳光是最好的防腐剂，真相是最有力的解释权。在资讯发达的今天，事端一出，基本上是想躲躲不了、想盖盖不住，任何刻意掩饰的行为，都是在蔑视民众的智商——人民早已不是愚不可及。真正明智的态度，应该是像会理县政府那样，先痛快认账，然后认真改正——人非圣贤，孰能无过？知错就改，善莫大焉。网络并非"暴民"的天下，绝大部分百姓还是讲理的，只有让那"悬浮"的真相尽早落地，才能换得民众的信任与谅解。

2011 年 7 月

谁来破解"达芬奇密码"?

大千世界,无奇不有。生也有涯,知也无涯。我在很长的一段时间内,只知道达·芬奇是个画画的,画些鸡蛋和妇女啥的。最近才知道原来兼职也卖家具,卖得价钱还挺高,动辄几十万的。由于央视的报道,我又知道原来他老人家还转世投胎托生到了广东东莞。央视揭短之后,卖家具的苦主也召开了个新闻发布会,老板娘没有正面回答家具的产地问题,哭得倒是情真意切,被网上好事者 PS 成了"蒙娜丽莎的哭泣"。

央视这些年做过不少类似的好事,比如前几年揭露的欧典地板,在露馅以前也曾长期宣传其外国血统,后来被发现原来是地道国货。砸了牌子之后,彻底从市场上消失了。与此有同样下场的,记得还有个"香武士音箱"。但不容乐观的是,除这些个撞在枪口上的倒霉蛋外,类似挂"洋头"卖狗肉的勾当,尚未被揭露的一定还多。你只要去看看商场的服装柜台,满眼的洋文字母,个个宣称舶来品,就那么块布,成千上万地卖。如果认真去查一下出身,估计假洋鬼子亦不在少数。

有人说这达芬奇走的是专门坑有钱人的高端路线,对于那些不买对的、只买贵的的大款们,例如那位纠结于"什么样的电脑才配得上达芬奇家具"的青春偶像派文化商人,似乎有些活该的味道。但我不这么认为,有钱人的钱也是钱,哪怕那些位尊而多金者的钱来路多么不正不明,也不应该用这种方式去对付人家。另外,也别怪咱中国人崇洋媚外,迷信外国品牌,当你在国产品牌里喝出三聚氰胺之后,有关利益集团又操纵着把牛奶标准调整到世界最低,你还敢让你的孩子去喝这国货吗?

问题的本质在于，为什么这达芬奇、欧典、香武士之流的国产洋货在东窗事发以前，能够堂而皇之地横行那么多年？更蹊跷的是，为什么总是在新闻媒体披露之后，才引起有关部门的注意和查处？在这之前，我们纳税人花钱养着的，以维护市场公平为己任的有关部门，为什么没有尽到监管之责？这就像我家养着一只猫，可它只会撒娇卖萌，从来不抓老鼠，而要靠新闻界之类的狗去拿耗子。当然在这里狗拿耗子也算不得多管闲事，但职责上来说，总是有些不对劲。

破解类似"达芬奇密码"，是市场监管部门不可推卸的责任，不能把这职责推给媒体和民众。所以说，我们希望这些"有关部门"能够认真履职，尽早把真相的"源代码"公布于天下，以保证市场的公开、公平、公正、透明，这才是社会主义和谐社会的题中应有之义。

2011 年 7 月

海底捞你学不学

在火车站的书店里看到一本黄铁鹰著的《海底捞你学不会》，封底上还有宁高宁、王石、张维迎等名牌大家的歌颂之词。说实在的，我虽不才，但一向瞧不上有些书把标题搞得故弄玄虚，再扯几个名人捧场的做派，但鉴于海底捞我曾亲自吃过，感觉还不错，于是顺手买了一本用于打发路上时光。心里想，不过一个火锅，有什么学不会的。等到下车我就能学会，此后再不去那店里排长队了，在家自己做来吃。

谁知一看还就放不下了，原来这本书并不是教你学做火锅的，而是讲述一个企业的成长史。在书里，作者讲述了海底捞在发展壮大过程中的很多生动细节，例如公司对员工的关爱：员工宿舍都租在正规小区，人均面积不低于六平方米，而不是像一般餐馆那样租地下室，离上班的店不超过二十分钟的行程，房间有专人整理，夏天有空调，冬天有暖气，甚至有专门的"宿舍长"把热水袋灌好放到服务员的被窝里。例如对那些来自农村的员工进行城市生活培训——怎么看地图、怎么用冲水马桶、怎么坐地铁、怎么过红绿灯、怎么用银行卡……这样的细节还有很多，再例如对店长级别的员工，除了工资之外，还给他们在家乡的父母另外发一份津贴。

海底捞的老板名叫张勇，据书中介绍，他对员工的关心和对部下的信任是出了名的，他在公司只签100万元以上的单，100万元以下由副总负责，小区经理可以签单30万元，店长也有3万元的签单权。而这里的普通服务员，居然有权打折、赠菜，甚至免单。创业之初，在西安开第一家店的店长,竟可以自作主张,用赚来的钱给他买回一辆"奖杯车"(金杯面包车,当时他还不认识商标)。刚打进北京市场就被人骗了300万元,他一点也没有追究部下的责任,反而说:"换我去,不也得受骗吗?"

把整本书看完之后恍然悟出:这有什么"学不会"的?——不就是一个关爱职工的企业家,一个全心全意依靠职工办企业的老板么!由此断定,那作者先生定是没有怎么看过俺们《工人日报》,也不曾浏览咱的《当代劳模》,在咱们的报纸上,宣传的此类案例多了去了。作者称,他的这一案例还在2009年上了《哈佛商业评论》中文版,据该刊编辑们讲,此文是他们杂志进入中国十年来,影响最大的一篇文章。——可见那编辑也有眼不识泰山——我多年从事的这项伟大事业,怎么就没有人搭理呢?

在我看来,这根本不是什么新套路。问题的本质不在于"学不会",而在于"学不学"。我认同作者的观点,海底捞最大的管理创新,就是"把人当作人"!如果我们惊讶地追问一句"这也叫创新"?得到的答案是肯定的,而这答案的背景是灰暗的——现在"不把人当人"的企业太多了!因此,在海底捞独秀于林的时候,我们看到更多的是富士康接二连三跳楼的悲剧,是黑砖窑对工人惨无人道的凌虐,是"残疾人自强队"令人发指的行径。

海底捞的餐厅我曾多次去过,除了对那里三伏天还要排长队等座表示惊讶之外,对服务的细致入微也深有体会,现在用的擦眼镜布,还是那家店里赠送的。书中揭示的细节,让我明白了这服务背后的文化底蕴。孟子讲过:"君之视臣如手足,则臣视君如腹心;君之视臣如犬马,则臣视君如国人;君之视臣如土芥,则臣视君如寇仇。"海底捞视店如家,视同事如兄弟的员工,和富士康被视为"屌毛",过着"碎片般生活"的员工,其精神状态与工作状态,显然不可同日而语。

就管理本身而言,教会的管理效率显然是最高的,因为教徒间有共同的信仰;监狱的管理效率是最低的,据说美国一个罪犯的管理成本,要超过一个中产家庭的年收入。为此，我们高度认同张勇在公司工会成立大会上的讲话："每个工会会员都必须明白一个基本道理，我们不是执行公司命令去关心员工，而是真正意识到我们都是人，每个人都需要关心与被关心，而这关心基于一个信念，那就是'人生而平等'！"

2011 年 7 月

可耻的"奴工生产线"

前些日子,河南电视台的记者扮作智障人士,混入砖窑卧底,揭露了黑心窑主使用、虐待智障"窑奴"的黑幕。新闻一出,舆论大哗,人们为赞叹记者的敬业与智勇,为记者的打工惊险捏一把汗,为那些奴工的遭遇掬一把同情之泪。

然而,这样刺痛我们眼睛的新闻已经不是第一次出现了。早在 2007 年,笔者就曾参与报道过山西省洪洞县的黑砖窑非法使用、虐待残障人员的事件;2010 年,四川、新疆又出现有组织、大规模地非法拘禁、强迫智障人员劳动的"残疾人自强队";这次的事件已是四年以来的第三起。同时,在这之前,未能引起新闻关注的同类事件多有发生。

几年来层出不穷的此类事件,让我们悲观地发现,这条可耻的"奴工生产线"竟然绵绵不绝,生命力如此旺盛。几年来的新闻报道,让我们更加悲观地发现,此类新闻引起的关注程度,竟然呈现出"边际效益递减"的态势。

2007 年山西洪洞黑砖窑案件,高层震动,省长道歉、县长下课,从市到乡共有九十五人受到处分。此后不久,山西省省长黯然去职。2010 年,四川渠县的"残疾人自强队"东窗事发,记得只是处理了队长曾令全和县里有关部门领导,并未见有更高层次的领导承担责任。以引推论,本次河南的智障窑奴事件激起的反响,只怕会是更小。

看起来,是这类事件吸引眼球的关注度越来越小,人们对此出现了"审丑疲劳"。与四年前洪洞黑砖窑案件发生时的群情激愤,人人喊打相比,这些年来受众被动车事故、拆迁血案、李刚和郭美美等事件刺激之下，神经似乎有了更强大的耐受力，以致在本次事件中，人们对事件的主体——那些智障人士的关注度，某种程度上还不如对那位记者深入虎穴、化装历险的故事更感兴趣。

实质上，是政府部门的不作为成了常态。据笔者所知，有些地区农村砖窑使用残障人士打工已有十年以上的历史，早在本世纪初，笔者就曾报道过某地工会与警方联手解救窑场奴工的"春雷行动"，然而"雷声"响过之后，十余年来却看到同类案件此伏彼起。这些窑场并不似煤矿那样工作在地下，而是在光天化日之下生产，可以说，就在政府的眼皮下面。只要劳动监察部门能够做到哪怕偶尔的督导，他们也不可能将这条可耻的"奴工生产线"绵延数年。

毫无疑问，残障人士是社会的弱势群体，他们应该得到比正常人更多的关心与照顾。但是，为什么他们的苦难遭遇长期被漠视？为什么每每要等到记者冒死揭露之后，才能引起政府部门的重视？在此之前，他们干什么去了？再追问下去，我们的社会救助机制到底出了什么问题，以至于放任这些残障人士长期流浪街头？多年前，一位知情人士曾向笔者反映，每到节日前夕，该县的街头就会出现大批来路不明的残障流浪人员——这是邻省邻县"清理行动"的结果。

说实在的，我一直不太相信是黑砖窑主贿赂当地有关部门，才得以肆无忌惮地为非作歹。以那些黑砖窑的利润分析，他们应该拿不出太多的钱——如果砖窑的利润能高过富士康，他们早雇用正常人打工去了——顶多再出几个跳楼的。另一方面，基层政府部门要"黑"到这样伤天害理的程度，也需要一定的心理素质和勇气。这一现象的长期存在，究其原因其实只有两个字，那就是冷漠。窑主视奴工如非人，监管部门视砖窑如无物。

如果呼吁管用的话，在我们的长期呼吁之下，这种丑恶现象早该绝迹了。可是，我们明知呼吁起不到决定性的作用，却仍要不懈地发出微弱的声音。我们希望，那些"有关部门"面对那些讷于言行的残障人士的时候，不必联想到理想、事业等崇高字眼，只需思考一下自己作为一个人的良心。

2011 年 9 月

羊毛出在谁身上

羊毛出在羊身上。谁也不会怀疑这句话,因我们看到的羊毛,确实是出自羊身上,你身上的羊毛衫,无非山羊与绵羊之别,或者纯毛与混纺之分。

作为引申义,此话比喻得到的好处暗含在付出的代价里。应该说也没什么错,比如说工人得到的工资,其实是他劳动所创造价值的一部分。再如本刊的读者群劳动模范们,所获得的荣誉也饱含了他们付出的心血与汗水。当然,现实中还有更多的例子是,奸商行贿的成本,早就暗含在了高价中标、偷工减料所获得的利润里面。

如果再进一步引申的话,换个视角——我们从羊的视角看去,发现问题来了:这羊毛固然全部取之于羊,可似乎从来没有一根用之于羊。小品《昨天、今天、明天》里,宋丹丹在生产队放羊,偷偷地"薅社会主义羊毛",然后织了件毛衣送给了赵本山,全然不顾那只被薅光了毛,"秃得像葛优似的"羊在寒风里发抖。从人的视角看来,这是天经地义的,便是羊肉也吃得,莫非还有织件毛衣给羊穿上的道理?中国古代,九州之长称为"牧",也就是放羊的。既然视民之如牛羊,那么占几片水草,拆几个羊圈都是小意思,更不消说剪几根羊毛——相比之涮了羊肉喝了羊汤,那是对你的恩赐。所以现今一些地方驱赶百姓,强拆房屋用来开发房地产,在他们看来自不必大惊小怪,那是古已有之的传统,不过今天发扬光大罢了。那些在强拆中自焚的羊民,在他们眼里看来也许就是自找的烧烤。

税收领域有种理论叫"剪羊毛",大意是需要等到毛长出来再剪,这样方可以永续持久。又听说我们这儿别看人均收入世界垫底,税负痛苦指数却在世界排名前列,一些地方的税费征收,不仅是在剪羊毛,简直是在扒羊皮。如今实体经济发展比较艰难,特别是中小企业经营遇到了很大困难,很大程度上就是因为那些羊们贡献了羊毛之后,得不到水草,填不饱肚子,交了税费却享受不到服务。面对此情此景,那些"羊"们大可质问一句:"我们的羊毛都到哪里去了?"

　　取之于民,用之于官,也许是正确的答案。我们看到每年晒出的"三公"消费,哪一项都是数以千亿计。不妨再换个视角,从人、特别是某些官员、老板的角度来看,这羊毛出在谁身上,更是个值得商榷的问题。有些官员、老板掌握着大量的资源,挥金如土、一掷千金,这"羊毛"是出自他们自己身上吗?显然不是。从这一意义上说,他们手中的"羊毛",其实是出自牛身上——老百姓正是那吃草挤奶的牛。正因为"羊毛"并不出自那些官员和老板们的羊身上,所以他们才毫不心痛地随意挥霍。不久前某报报道,马来商人刘老板,把自己价值五千万元的企业,作价百亿元卖给了中国中钢集团。这企业如今不见效益,但刘老板已是身价百倍。好在刘老板还是个知恩的人,时时处处不忘"感谢中钢的黄总"。只是不知谁给黄总这么大的权力,可以拿着国内剪来的羊毛,贴到外国的猪身上。也正是由于"羊毛"并不是出在自己身上,铁道部的高官才敢于在高铁项目中大肆受贿,而这数以亿计的美元,还是要在国家这只肥羊身上薅回来的。

　　当然,羊也有过看起来很"牛"的时候,英国早年毛纺业发达,羊毛需求量激增,养羊成了很赚钱的行当。地主们纷纷把自己的土地和公共的土地用篱笆圈起来放牧羊群,并强行圈占农民的土地,是为"圈地运动"。农民丧失了赖以养家活口的土地,只好向着陌生的地方去流浪,史称"羊吃人"。其实细究之下,仍不过是"人吃人"而已。

　　一根羊毛可以引发如此话题,到底羊毛出在谁身上能够成为问题,不管最后能不能探讨清楚,至少可以说明一点,这个社会某些地方肯定是乱套了。应该说,这并不是个无解的课题,如何能够如上帝的归上帝,恺撒的归恺撒一样,让羊的归羊,牛的归牛,各得其所,各守其毛?想来只有一个办法:让羊说话。

2012 年 4 月

抓壮丁赔上了王保长

一出现代版的"抓壮丁"正在我们眼皮下面上演,与传统版有所不同的是,这回把王保长也赔上了。日前,一则新闻标题吸引了人们的眼球:成都富士康招工困境,任务未达标公务员顶替。报道称,自从成都2010年引入富士康这只"金凤凰"后,除了优惠的税收、用地等条件外,四川省政府还承诺了一个令人惊诧的条件:为富士康招聘员工。为此,许多四川公务员在年底考核中就多了一项内容——能否完成富士康的招工任务。今年春节前,因为没有完成富士康的招工任务,刘宝玉(化名)不得不去成都富士康工厂"顶工"。机关领导对她说:"招不到人,只能自己人去。"

这一出可以算得上富士康自跳楼新闻以来最引人注目的消息。报道中说,从四川省各地由当地官员带队前来工作的队伍屡见不鲜,其中还有大学生村官。只有在富士康干满十五个工作日后,政府才算完成一个名额指标。据悉,一些地方政府提出,对招募工作要实行一票否决制。招募完成后,当地政府还要组织护工队,将务工人员移交给富士康。四川某县要求,要在本单位选派年富力强、有经验、有责任心的干部全程护送,确保万无一失。广元市要求,在广元至成都途中,警车开道,救护车随行。另外,由于招不到足够的人,一些如"买人头"式的灰色市场行为也已浮现出来,社会上还出现了招工的"人头贩子"。

够瞧的了,这不就是活脱脱的《抓壮丁》现代版么?四川的某些地方如今俨然成了当年的龙隐村,有意思的是,四川恰好是"抓壮丁"故事的发生地,而如同当年国军一样,需要大量"壮丁"的郭老板,也刚好是从台湾来的……我们还可以找出更多的相同之处,比如员工进厂后,同样要接受军事化的管理,与老版本不同,堪称与时俱进的是,当年国军抓壮丁,于保长只是上下弄权中饱私囊,而如今郭老板抓壮丁,却把"王保长"也一道捉了去。

读完这则令人啼笑皆非的新闻,我们无意嘲笑"王保长",相信他们是出于万般无奈。在报道中,他们也自责,觉得自己像个人贩子。其遭遇让我们想到了千余年前的《石壕吏》:"暮投石壕村,有吏夜捉人。"我们仿佛听到"吏呼一何怒,妇啼一何苦"。我们仿佛看到,由于完不成军爷的"招聘任务",老妇人只好亲自顶替,"老妪力虽衰,请从吏夜归,急应河阳役,犹得备晨炊"。我们更无意埋怨那些"壮丁",当年抗战烽火中,正是这些壮丁用血肉之躯保卫了国家,今天,也是这些农民工们用血汗撑起了中国的经济发展。

我们搞不明白的是,是谁给了地方政府这么大的权力,让他们可以给公务员下达"抓壮丁"的指标?再进一步我们还可以想想,是什么原因让那些农民工们不愿意去做"壮丁"?报道中说,招来的人待一个星期甚至一两天就走掉了。"新进工厂十五天之内的人,离职的特别多。"那位被迫投军的"王保长"的话可以解释这一切,报道称,公务员去成都工厂的好处是,可以拿两份工资,富士康的工资和政府的工资。但连续一个月的夜班工作,压垮了刘宝玉的身体,"从富士康领来的1130元工资都付到医院去了"。——可以想象,如果这些农民工不走掉的话,等待他们的命运也许就是跳楼。

据称,四川各地的招募工作小组,均配置社会保障局、教育局、公安局、扶贫办、团委、妇联以及工会等部门,这使得招募小组能够及时调动政府资源——很惊诧地,居然在这里看到了工会的名字,而我们认为,工会的作用显然应该发挥在另外的地方。

2012年4月

到底能不能"看心情工作"?

"我是个有原则的人,我的原则是——看心情!"

别笑,网上传的这个段子如今可能真的要变成"原则"了——媒体报道,河南省政府近日下发了《关于生产安全事故隐患排查治理规定的通知》,按照规定,生产经营单位应当明确作业人员的事故隐患排查治理责任,如清楚本岗位作业过程中可能存在的事故隐患,上岗作业前进行安全确认,杜绝违章、违法作业和违反劳动纪律行为,及时查找、消除并报告事故隐患和险情,身体欠佳或者情绪异常及时向班组长报告等。特别是最后"身体欠佳或情绪异常"这闪亮的一句,被媒体举例解释"公交车司机跟家人拌几句嘴后,带着情绪开车,在路上稍有不慎,极容易酿成交通事故",并据此认为"河南公交司机有望休情绪假"。

尽管从《规定》的内容和文章的前后来看,并不能直接推出"情绪假"的结论,但它确确实实把一个问题摆到了我们面前,那就是:工作中该不该考虑员工的情绪?

当然应该——"我们的政府是人民的政府,我们的权力是人民赋予的,我们应该为人民谋利益并自觉接受人民的监督。群众满意不满意、高兴不高兴、答应不答应是衡量政府工作好坏的唯一标准。"你看,政府领导人讲的三条标准中,"满意不满意、高兴不高兴"两项均是情绪标准,一国尚如此,何况一个单位、一家企业乎?

显然"情绪假"是值得期待的,我相信果真有此规定出台,富士康一定会减少几个跳楼的。但是细想之下,这条规定要执行起来却不那么容易，只因这情绪是个主观的东西并且捉摸不定，只能定性描述而很难定量测评。工作看心情，管理靠人品，以上述公交司机为例，到底与家人拌了几句嘴后，情绪被影响到什么样的程度，才会酿成交通事故，因而需要请个"情绪假"？这在现实中确实不好掌握标准，如果放宽到稍有情绪就准假，那么难保不会有人为了不去工作，用"假情绪"来请"情绪假"；如果严格到没被气死就得上岗的程度，又很难防止这老兄被气昏了头，带着一肚子气把车开到沟里去。前几天不是有个城市公交司机开"斗气车"，弄得乘客多人受伤，惊魂一场吗？

何况这情绪往往来得快去得也快，转怒为喜或恼羞成怒也许是顷刻间的事。就个体情况而言，情绪控制能力也有差别，有的人可以忍了亲人去世的悲痛上考场；也有人只因一言不合便要寻死上吊；有的人猝然临之而不惊，无故加之而不怒，泰山崩于前而不变色；有的人对月伤春、感时落泪，放一辈子的"情绪假"也不能解决问题。

所以依我看，问题的根本其实在于如何控制、解决情绪，放不放假倒是第二位的。人是感性动物，工作是理性的，如何把负面情绪对工作的影响降到最小，其实是一个科学问题，中外企业都积累了成熟的经验。在我们的传统做法中，有把思想政治工作用于生产作业过程的事例，通过领导、同事的帮助，化解思想矛盾，解决实际困难，进而促进工作绩效。国外的先进经验，有 EAP（员工帮助计划）的导入，通过帮助员工及其家庭成员解决心理和行为问题，提高绩效及改善组织气氛和管理，收到了较好的效果。现在，已有越来越多的企业引入了 EAP 服务模式，内容涵盖了工作压力、心理健康、灾难事件、职业生涯困扰、婚姻家庭问题、健康生活方式、法律纠纷、理财问题、减肥和饮食紊乱等一系列问题。

大道至简，不论我国的"中医"思想政治工作还是外国的"西医"EAP，其复杂的论述和操作流程后面，体现的只是一个极朴素的原理，只有四个字，那就是：以人为本。

2012 年 7 月

巴别塔是怎样建不成的

　　一条未经证实的消息竟然引发一场热烈的讨论，这可能是很多人始料未及的。日前，苏州某论坛上一篇名为《在公司一不小心嘴里蹦出几个苏州话，饭碗就没了》的帖子，吸引了众多网友的眼球。发帖者称，上班说句苏州话，会被通报批评，严重的甚至还可能被炒鱿鱼。上班讲方言该不该罚？公司真的有权以此作为解雇的理由吗？围绕这一话题，职场人士、猎头公司、律师们各执一词，莫衷一是。有意思的是，当记者求证于疑似涉事公司时，所有的公司都否认有这样的规定。

　　从表面上看，这是一种语言焦虑，其实反映出的是现代社会人们的沟通焦虑和信任焦虑。对此笔者深有体会，多年前在南方某城市打出租车，那司机大约也不认识道路，一路上用对讲机操着鸟语不停地与同行交流，一边聊还一边看我两眼。他们说的我全然不懂，而那路也确有一段比较偏僻，这就让我心生疑窦：这家伙到底是开车的还是劫道的？后来忍无可忍，就用我家乡一种更难懂的方言厉声喝道："闭上你的鸟嘴！"搞得那司机兄弟反而莫名其妙，不知哪里得罪了我这个乘客上帝。

　　所以说，以我的经历看来，如果真有哪家公司做出这样的规定，应该相信他们良好的初衷。如果那公司从事的是服务业的话，这样的规定甚至是必须和必要的。

　　但情况如果不是这样，那么，问题来了。

　　语言是人类沟通最基本的工具，而方言的确在客观上限制着不同人群的交流。但是同时，方言的存在也造就了我们这个世界的文化多样性。古时候，先民们也曾有过语言无障碍沟通的理想，可惜理想很骨感，现实却如此丰满。巴别塔，又称巴比伦塔或通天塔，《圣经》里说上帝的子民们曾想造这样一座塔通向天堂。上帝知道了以后很不高兴——老百姓都上了天，我老人家搬到哪里去？但上帝是仁慈的，没有直接发射核弹，而是设法弄乱了人类的语言，让他们之间彼此没有办法交流，那塔自然也就建不成了，至今只能留在传说中。

  上帝的这一招直接催生了一个行业，那就是翻译。在我看来，不仅这世界上几大语种之间需要翻译，甚至一个国家几种方言之间也需要"内翻译"。我们中国人口众多，方言也多种多样，有西方语言学家据此认为中国应该分成好几个国家，幸亏我们有统一的文字，才让那些学者们无话可说。由此看来，秦始皇书同文、车同轨的措施，对国家的统一功莫大焉。方言的存在让我们的生活如此多彩，相传抗战期间，我军密码总被敌方破译，后来部队之间通信联络全部让宁波籍士兵用方言讲话，敌人就再也听不懂了。美国电影《风语者》讲述了同样的故事，不过主角变成了印第安人。

  方言不管有多少种，但有一点，它们之间是平等的，不存在"某种方言比其他方言更平等"的特权。我们所努力推广的普通话，其实也是建立在北方方言的基础上。从这一点上讲，我们提倡普通话，但是反对"语言霸权"。换个说法，也许我听不懂你的话，但我不能阻止你讲话。这应该是建立在常识基础上的共识。新华网5月21日电话证实了这一判断："新华网调查最新结果显示，49.8%的网民认为只要不影响工作，说方言完全可以。50.2%的网友则选择在公共环境应该说普通话。调查结果表明国人在处理普通话同方言之间关系时已建立起成熟理性的心态。"

  巴别塔固然是由于语言不同而没法建成的，但问题在于，如果强行规定讲某一种语言，就一定能建成巴别塔吗？如果规定不讲某种语言，就不准参与巴别塔建设工程，更加没有道理。所以从这一意义上说，防民之口甚于防川，我们希望公司尊重员工的"话语权"。没有人能强行堵上员工的嘴巴，以周厉王那般强权，百姓只能"道路以目"，但是过了没多久就搞得自己也混不下去了。

  何苦来哉！

2012年7月

怀念"君子锁"

当初看到《别闹了,费曼先生》写老顽童物理学家费曼在原子弹项目期间,还不忘恶作剧地开同事的保险柜取乐,曾不禁莞尔,觉得与这老兄有几分灵犀相通。多年前,某位同事忘记了办公室保险柜密码,我那时手欠,自告奋勇用了大约十分钟给他打开。那位老兄盯着我看了好几眼,后来……就再也没让我进过他办公室。

锁是什么时候产生的?度娘的说法是锁几乎与私有制同时诞生,早在公元前3000年的中国仰韶文化遗址中,就有装在木结构框架建筑上的木锁。《辞源》曰:"锁,古谓之键,今谓之锁。"在我的理解中,锁具与钥匙作为一对矛盾,至少应该和矛与盾的历史一样长了。如今锁与钥匙还被赋予了越来越多的文化意义,在光荣的场合,授予某人"荣誉市民"称号往往是赠送一把象征性的城门钥匙;在悲催的时候,往往是我们刚找到成功的钥匙,就有人把锁给换了。

在世纪之交的那几年,锁业并不如今天这般发达,那时我自吹能用一张身份证打开办公楼一半的门,同时我家的自行车以几乎每季度一辆的速度被盗。后来用过一把由公安局反扒高手研制的、模样和手铐差不多的车锁,才过了两年安生日子,不过后来还是丢了——想必那贼是索性连车带锁拎走的。每次当我登上泰山、华山、黄山等若干名山的时候,看到路边铁链上挂着密密麻麻的"连心锁",就有些暗笑那些相信"一把钥匙开一把锁"的善男信女,真的以为把钥匙丢进山谷,爱情就像那锁一般永固了吗?卖锁的摊主也许当天晚上就拿备用钥匙把它打开,磨掉

125

字迹第二天又卖给下一对痴男怨女。所以有些婚姻如果真的散了摊子，确实该找那些无良摊主算算账的。

没有私有财产的时候，当然是没有锁的；人们还没有机巧心的时候，也用不着锁。如今在锁匠们的努力之下，锁业发展到了密码锁、磁性锁、电子锁、激光锁、声控锁等等，甚至以指纹和眼底视网膜来控制开启。这进步当然拜科技发达所赐，但我以为这实质上则是贫富差距进一步加大，人们心机进一步增强的结果。看到黄永强要大力推广无簧叶片新技术锁具，我无端地怀念起年少时在村里的一段日子，每天下地干农活时，大人们在门上虚搭一把旧锁就出门。回答我的担心时，我的姑姑、一位没怎么见过世面的农村老太太说出了最有哲理的一句话："这叫君子锁，防君子不防小人。"

唉，也许这样的君子之风，大约真的不再有了。

2012 年 7 月

谁让我们"下班沉默"?

近日,某机构一项调查显示,83.1%的受访者坦言自己不同程度上有"下班沉默症"。受访者中,80后占50.1%,70后占30.9%;45.5%的人居住在大城市,28.9%的人居住在中等城市。75.4%受访者直言身边存在患有"下班沉默症"的人,其中41.2%的人认为这样的人"非常多"或"比较多"。在"注意力经济"日显发达的今天,这新闻显然再一次抓住了人们的眼球。

说实在的,我并不认同这83.1%的"下班沉默症"有多少科学意义,因为前些年我还看过一篇更耸人听闻的文章,说调查显示90%以上的人都存在程度不同的精神疾病。文章作者的依据是按照精神健康的标准,大多数人并不能完全达到——这就像是按照身体健康的标准,除了那几位航天员等少数人外,绝大多数人不可能完全达标。何况"完人"的标准就不是给人制定的,高考这么多年,你什么时候见过每门功课都是满分的"状元"?

动辄整出一个什么"症",是眼下比较时髦的做法,我也可以弄它一个出来。比如说我下了班时常有些酒局应酬,周围朋友和我一样状况的也不在少数,是不是也可以调查一番之后据此得出结论,若干比例的人群患上了"下班喝酒症"?当然,我不认同这样的噱头,但却不能否认这种现象的存在:那就是确有一部分人如调查所言,"在上班时侃侃而谈,回到家却疲惫懒言;聚会应酬时笑容满面,面对亲友时却麻木冷淡"。而且,这一现象也确有发展蔓延之势,应该引起我们的高度重视。

我认为，这"下班沉默症"症状虽然表现在下班，而"病因"却要到上班去找。仔细分析不难看出，这"下班沉默"往往是与"上班冷漠"互为镜像，正如调查报告中一位受访者所言，自己上班时跟顾客说的话基本形成一个套路，"经常对自己到底说了什么完全没有意识，跟同事相处时表现得幽默活泼，也只是为了处理好职场人际关系"。职业让我经常看到职业的笑容，每次看到一些空姐、柜员那嘴里叼着筷子训练出来的笑容，听到职业的问候和机械的回答，我都能感到那化妆品后面拒人千里的冷漠，如果他们下班后还不沉默，依然故我地像上班那样"装"着，只能说哄人哄到自己都信了。

我相信，沉默是内心焦虑的一种代偿机制，你看那好莱坞电影里的"雨人"和"沉默的羔羊"，在生活中都不是一般人物。还是举现实生活中的例子吧，一位老师在课堂上刚讲完学雷锋做好事，下课便遇上诬称救人者为肇事者的老太太，你让他怎能不"下班沉默"？一位干部刚在讲台上做过廉政报告，下班之后却要操心"官场路漫漫其修远兮，吾将上下而打点"，这种情况下他能沉默，已是良心尚存的表现了。所以说在某种程度上，"下班沉默"和"上班焦虑"互为因果。韩愈先生"上班"是尽责的，谁知"一封朝奏九重天，夕贬潮阳路八千"，只好对他侄儿摇头叹气，"知汝远来应有意，好收吾骨瘴江边。"辛弃疾先生"上班"时也是豪放的，一心想"了却君王天下事，成就生前身后名"，到头来壮志难酬，终不可避免地染上了"下班沉默症"——"欲说还休，欲说还休，却道天凉好个秋"。

扯远了。其实以上诸种"下班沉默症"的病因，皆出自上班时工作任务重，心理压力大，下班只好用沉默来排遣、补偿，这其实是一个危险信号，"不在沉默中爆发，就在沉默中死亡"，富士康的跳楼已经给了我们黑色的启示。要治好"下班沉默症"，也还需要在上班工作中做文章——为什么我们不能让上班更快乐些呢？

2012 年 8 月

我是不是我

　　这个顺着倒着念都一个意思的标题来自我女儿的创意。在她十六岁那年该办身份证了，就在身份证还没有办下来的时候要坐飞机出行，适逢奥运期间安保升级，一路受机场安检拦阻，险些遭到扣留。回到家就写了一篇题为《我是不是我》的博客，大吐苦水。

　　在我看来，这只是一堂涉世之初的身份教育课。在这方面当爹的遭遇其实比女儿好不到哪里去，周围的人比她爹也同样好不到哪里去。我们都需要有一张身份证来证明自己的公民身份，你可能还要有一张出入证来证明你在这座楼里上班，要有一张驾驶证向警察证明你会开汽车，外出时还要带上记者证，好向采访对象证明你是个真货而不是前来敲诈的骗子。对了，你还需有一张结婚证证明你们两口子合法同居，以防万一被警察捉了去。半夜宾馆敲门查结婚证的，我还真见过。但是如果，突然有一天这些证件全丢了呢？你还是不是你？我不知道别人的感觉，反正如今我要是没有带齐必要的证件出门的话，总感觉自己像是没有穿衣服。

　　所以结论很可能是悲观的：你根本不是你，我也不是我，证件才是你，才是我。

　　前些年有个朋友的包被偷了，丢了不大不小一笔钱。两天以后，邮局把小偷扔进邮筒的身份证、工作证，还有几张没用的卡给他送了回来，他竟然一扫被盗的愤怒，高声夸赞起小偷的"职业道德"。他说，盗亦有道，小偷也要加强职业道德教育，因为他上一次就被偷得皮毛无存，失去所有证件，做了好几天的"黑人"。我没他那么倒霉，但也遇过类似的尴尬,那时我还在当记者,有一回办公楼内新换了一位认真负责但记性却不太好的门卫大爷——顺便说一句,我认为世界上最伟大的哲学家就是这位门卫大爷,因为他问你的都是人类的终极问题:你是谁?你从哪里来?你到哪里去?你来做什么……那次我把证件放在了办公室,这下遇上难题了——按照老大爷的要求,要进门,你得出示证件,但要拿证件,就先要进门到办公室。要不是有熟人路过把我带进去,在这"死循环"里陷一整天也是有可能的。

我以为,人的社会身份需要被证件证明的时候,这人和证件似乎都产生了某种异化。人有了某种证件的属性,你就是那一张纸;而证件也有了某种人的属性,这一张纸也许能吓倒好多人。这社会上,你成功的程度,决定了你是个有身份的人还是个只有身份证的人。名人是不需要证件的,你什么时候见过穆青给你递记者证?焦裕禄就是他的记者证。你什么时候见过奥巴马给你发名片?那张脸就是他的名片。当然,一般人牛不到这份上,所以即便是微博上的名人大V,也是需要认证一下的,相反倒是那些无名粉丝不需要认证。只不过那些拥粉自重的大V尽管认证过了,有时也难免透出不自信,还要掏出手机向门口的保安证明:"我是某某,我有987万粉丝……"幸好没有被当作山东龙口来的推销员。

看来,你是不是你,我是不是我,很可能不由你我决定而是取决于那些办证件的人。因证件而催生的庞大的假证团伙长期以来泛滥,就是因为有需求有市场。而且现在,那些办"真证"的也有些靠不住了,从前一段时间的新闻我们知道,陕西的"房姐"就有四张身份证,河南的"房妹"的两套户口,山西的一位女干部也有两个身份证,不知道有多少套房。我不知道是哪个环节出了问题,为避免类似情况再次发生,建议不妨把此类牛人纳入神仙户籍管理:哪吒三头六臂,索性发他三张身份证;至于孙悟空,那显然应该有七十二张……

我辈百姓没有万贯家财,也谈不上志存高远,只是有时无端地遐想,什么时候能暂脱尘网,丢开那些身外之物的束缚,回归真我一刻。不过想想也难,陶令在耕田的时候,谁知道有没有衙役来查他的暂住证?

2013年2月

娘的传人

"古老的东方有一群人,他们全都是龙的传人。黑头发黑眼睛黄皮肤,永永远远是龙的传人。"小时候听了侯德建的这首歌,才知道自己是雕梁画栋的地方盘踞着的龙的传人。至于他的真身,谁也不曾见过。听说叶公是见过一面的,吓了个半死。

蛇年到了,一些考据派的民俗专家说,我们应该是蛇的传人才对,因为造人的女娲娘娘就是人首蛇身的样子。前一阵子还有另一位语不惊人死不休的专家说过,中华民族其实是羊的传人,论据是什么记不真切了。看来在有些人眼里,我们到底是谁的传人,这是个大问题。

台湾的国学教授傅佩荣先生言之凿凿地认定古时候真的有龙这种生物存在,据称孔子就曾见过。要不然为什么《易经》的开篇乾卦说的全都是龙——"潜龙勿用,见龙在田,飞龙在天,亢龙有悔",坤卦里也有"龙战于野,其血玄黄"的爻词。但龙是什么样子,孔子的描述却不甚精准。又有专家说了,龙的模样来源于恐龙,我觉得怕是靠不住,从形状上看,说它来源于鳄鱼反倒更像些。

西方人自称是亚当夏娃的传人,祖先好歹有个人形;蒙古族认为自己是苍狼白鹿的后代,也算有个动物原型可考;澳洲神话里人是蜥蜴变的,似有几分龙形;希腊神话说某族人是天鹅变的,不免有些离谱。按照比较靠谱的说法,龙是远古氏族的图腾,到了后世,更多地承担了"真龙天子"用来吓唬老百姓的功能。既是用于吓人的,自然越可怕越好,见过的人越少越好,没有人见过最好。皇上龙颜,岂是谁想见就见得到的,如今上访百姓见个政府干部还要费一番周折呢。

从见过真龙的叶公的遭遇看,这龙颜好看不到哪里去。我一直认为叶公不过是个文艺爱好者,用今天的话来说就是龙的粉丝,在家里多贴了几张偶像的艺术照,八成还是 PS 过的。反倒是那龙好不识趣,见人多贴了几张自家剧照,便忘了自己尊容,跑到人家院子里现眼。颇有几分当今明星的做派,电视上演过几个好汉便以为自己也是好汉,上演起打人开房吸毒之类的勾当来。殊不知人家喜欢的只是你塑造的艺术形象,并不见得是你本人。

我惹不起专家更惹不起龙,但我一直认为,你是谁的传人固然重要,但你是谁更重要。生活中见过不少人抬着自家祖宗名头出来混的,依我看大半透出几分本人的不自信。曾见过一位自称著名书法家苗裔的,出没于政商两界,只是祖上姓柳,他的书法却像颜体。有许多声称祖传的各类大师,仿佛天然地继承了几分优越感,殊不知他祖上的手艺也是勤学苦练出来的,并非胎里带的。依我看祖宗和我们的关系,更多存在于牌位之上,好让后人慎终追远。每次听传人们讲"祖上也曾阔过"的辉煌,不免总泛起几分同情。你看多少天潢贵胄的后代,如今藉藉无名。那几位被找出来充当曹操甚至马王堆主人"正宗传人"的,不过是商业噱头,这个时代哪怕是曹操再世,也混不出那份风光,比他狠比他贼的人多了去了。

祖宗十八代的上序为父母、祖、曾祖、高祖、天祖、烈祖、太祖、远祖、鼻祖,下序为子、孙、曾孙、玄孙、来孙、晜孙、仍孙、云孙、耳孙。从最低上溯到最高,连名称都让人记不全,何况追溯到龙那里。以今人寿数,见过曾祖的已是少而又少,所以一定要当个靠谱的传人的话,你不过是娘的传人,或是奶奶的。西方人说三代才出一个贵族,从我们这里官二代富二代星二代的行径看,两代就足以出个混账。还是换个角度想问题吧,鲁迅说过,不出意料,我们也有做祖宗的希望,所差只是一个时间。那么,把握好自己,把握好当下,也许才是最重要的,唯此方可"光宗耀祖",不负"传人"身份。

2013 年 3 月

破解"生死状",先当环卫工

新华社消息,10月底有人爆料,称兰州城关区环卫局要求部分环卫工签订"生死状",承诺工作期间产生的一切人身损害都由本人承担。消息一出,立即引起了众多转载和关注,在网上网下引发轩然大波。有网友称:"在工作中出了事由环卫工人自己承担,这种做法太荒谬了。"记者迅速出动了解情况,并将环卫管理局的回应公之于众。

原来,签订此承诺书只是个别环卫队的行为,而且事出有因。有关部门负责人解释道,今年有部分临时环卫工已到了退休年龄,按照劳动合同规定本应该辞退,但是这部分环卫工家境贫困,自身没有其他技能,不愿意放弃这个工作岗位。但若继续聘用,则根据《工伤保险条例》规定,他们将无法享受相关工伤保险。所以才出此下策。事件被披露之后,他们已经叫停了这种做法,同时为他们办理了商业保险,发生事故赔付金额高达六十万元,这样,退休的环卫工人可以继续留在岗位上工作,一旦遭遇意外也有了保障。

按说事件至此已堪称圆满,为什么网上仍然余波不息?况且,事件本身原本是一方希望继续保住工作岗位,一方尽量满足要求,这样充满着人情味的事件如何会出现不和谐的一幕?究其原因不外两点,一是懒政思维作祟,二是社会身份割裂。长期以来,社会上很少了解这部分环卫工人群体的生存状态,他们拿着最低的工资,干着最脏最累的工作,住着最差的房子,甚至退休以后,失去这份微薄的收入,连现有的生活水准都难以维持。出现这样的情况,政府部门应当反思,是什么原因造就了他们现在的窘境，进而想出解决的办法与对策，而不应该采用"生死状"之类的手段，把自己的责任推得干干净净。

与此同时，工会组织也应该思考，如何维护这部分职工的合法权益，他们在职时，应当通过工资集体协商等手段，提高他们的收入水平；他们退休以后，应当想方设法帮助他们纳入国家保障体系，以使这部分职工晚景无忧，不至于因为生活困难而以年迈之躯，继续从事苦脏累险的工作。

其实要做好这一切，说到底只有一句话：将心比心。就在兰州"生死状"出现三天后，来自浙江金华的一条消息温暖了人们的眼睛。从11月3日开始，2014年浙江省金华市新录用的四十三名公务员开始基层体验实践锻炼活动，迎接他们的第一个岗位就是环卫工。正如金华市委组织部一位副部长所说，这种做法既培养了年轻公务员吃苦耐劳的精神，也能增强责任意识、服务意识和公仆意识。

所以，先别忙着签订什么"生死状"，不妨先去当几天环卫工。以后再遇到此类问题时，相信会有更温情的思路和手段。

2015年2月

别让"临时工"再背黑锅了

近年来,我们屡屡看到一些地方在发生"城管打人""警察罚款"之类的恶性案件之后,引发群情激愤,而当地处理的结果往往是开除了当事的"临时工"。说实在的,看到这样的处理结果,老百姓并不满意,认为是有关部门在"丢卒保车",使的是金蝉脱壳之计;那些临时工们也不满意,认为他们是在替人背黑锅当了替罪羊;而当事部门也有难言的苦衷,因为大多数时候犯事的,确实是这些法治观念淡漠、没有执法资格的倒霉临时工。

问题的症结在于,是谁把这部分临时工推上了执法的一线?调查显示,多年来一些地方和部门因执法人员不足,招聘不少临时工、合同工参与行政执法。虽说表面上看起来强化了执法力量,然而在背后潜藏了巨大的隐患:一则因其素质良莠不齐,带来粗暴简单执法,实际上弱化了执法的效果;二则由于有些地方财政拨款有限,不得不靠执法罚款养人,引发乱收费乱罚款横行,破坏了法律的权威;三则因为有"杂粮"可吃,引发临时工数量急剧膨胀,正式工人浮于事,更是败坏了政府形象。

现在,河北省终于下决心从根本上处理这一问题了。新华社消息,河北今年 6 月开始,对全省 317742 名持行政执法证件人员进行全面清理,共取消 81720 人行政执法资格,占现有持证人员总数的 35%。今后,合同工、临时工、工勤人员等不符合条件人员一律取消行政执法资格。据该省法制办负责人介绍,执法人员将换发新型行政执法证件,增加二维码信息，公众用手机一扫就能显示持证人照片、姓名、单位及职务，确认其是否是有效执法证件以及其执法权限。

应该说这是个大快人心的消息，对于加强对行政执法人员的监督管理，确保规范公正文明执法，无疑将起到积极的作用。韩非子说过："国有强弱，无常强，奉法者弱则国弱，奉法者强则国强。"法律因其强制性、权威性、严肃性、长期性和稳定性，确实不宜交给临时工来执行，而从河北省披露的情况来看，不合格的持证执法人员，竟然占到执法队伍总数的三分之一，这也是个吓人的数字。联系到全国的情况，可以想见，达到依法治国的目标，仍有遥远的路要走。

这一规定出台之后，最不幸的和最幸运的，大约都将是这些被清退的临时工——不幸的是他们失去的工作岗位，幸运的是他们再也不用替别人背黑锅了。可是，对于那些街上摆摊的贩夫走卒，是不是就从此海晏河清，天下太平？恐怕没有那么简单。如果清退临时工之后，上岗执法的正式工不能树立法治观念提高执法素质，那些摊贩们的命运，也不会有大的改观。

十八届四中全会提出了依法治国的目标，在这宏伟目标之下，清退临时执法人员只是其中很小一步。接下来更重要的，应当是提高执法人员的素质，正如河北省宣布的那样，今后执法人员将实行动态管理，不符合条件者将被及时清理。政府法制机构每年将组织对持证人员进行不少于四十学时的法律知识培训并进行考试，考试不合格者证件不予年检。——也就是说，正式工如果不合格，也将面临清退的命运——这才表现出法律面前人人平等。

2015 年 2 月

《工伤保险条例》不是"催命符"

一个多月前,北京阜外医院麻醉科副主任医师昌克勤在手术室里晕倒,随即被送入重症抢救室,在尽力抢救四十天后不幸离世。家人与同事的悲痛尚未过去,始料未及的问题便接踵而来。由于从发病到死亡的时间超过了四十八小时,按照《工伤保险条例》的规定,他将无法享受工伤待遇。

尽管阜外医院表示:"医院会尽力将他的后事料理好,让他的家人安心。"但是这四十八小时的"大限"还是刺痛了人们的神经。

翻阅现行的《工伤保险条例》相关规定,职工视同工伤的情况为"在工作时间和工作岗位,突发疾病死亡或者在四十八小时之内经抢救无效死亡的"。我不知道规定是怎么来的,据有关人士介绍,当初立法时主要考量的是救治时间太长,工伤因果关系不易认定。但现在的规定看似折中,但在实践中却为医院和家属设置了一道人性难题:是继续救人还是见死不救以认定工伤?凭借现有医疗技术,撑过四十八小时并非难事,但伤病者及其亲属权益却难以合理保障。"认定为工伤与非工伤,家属获得的补偿金额可能相差六七十万元"。

昌医生的遭遇,让我想起过去采访过的一个事件,某煤矿有一个工人遇到井下事故受了重伤,矿上请求医院不惜一切代价抢救,一定要让他活过三天。起初还以为是一曲关爱生命的赞歌,后来才知道是安全指标的考虑——该企业年内已发生过几起人身伤亡事故,如果再加上这个,就会突破上级规定的百万吨死亡率。而抢救三天之后就是新的一年,可以算作下一年度的指标。结果那位送来医院已经宣布脑死亡的矿工，在呼吸机和强心剂的作用下，又挺过了三天。新年一到，就被拔掉身上所有的管子，又"死"了一次。

这起悲剧与"四十八小时大限"颇有相通之处，都是在法条之外漠视了人性，都在打法律的"擦边球"。而且不独如此，2012年，山东一建筑工人工作期间突发脑溢血，抢救期间劳务公司让医院用呼吸机维持其生命，称"一定要坚持四十八小时"。只要过了这个时限，企业就可以"无责一身轻"。在一些案件中，甚至出现了"家属拼命埋活人，单位拼命救死人"的荒诞现象。

思考这变异的"黄金时间"，突然想起一句话：法律是死的，人是活的。——吊诡的是，这句话以往经常出现在一些违反法律的托词之中。

任何法律，在研讨其法律文本的同时，更应探究其立法初衷。目前的《工伤保险条例》，其立法本意无疑是维护职工的工伤权益，因而在实践操作中应当秉承这样的原则：认真探究"工作过劳"与"死亡"之间的因果关系，对于和工作原因相关的，均应考虑认定为工伤。如果确实和工作无关，突发死亡也不应算作工伤。因此，工伤认定应当打破四十八小时限制，加强原因的分析，更体现立法的公平性。

一方面是法律的边界，一方面是伦理的底线。我们认为，法律当是为人而设立，任何法律文本，都应该体现以人为本，写就一个大大的"人"字。在强调依法治国的当下，人们应当充满对法律的敬畏，法律也应当充满人性的光辉。破解昌医生的难题，需要从立法层面完善相关规定，最大限度体现立法善意，方可避免这种"催人早死"的悲剧。

不久前曾现场聆听全国政协双周座谈会，与会委员对建筑工人工伤维权问题进行了座谈交流。提出了大幅度提高建筑工人工伤保险参保率，科学确定工伤保险费率，落实和简化工伤认定和劳动能力鉴定程序，落实工伤保险先行支付政策，积极发挥工会组织在职工工伤维权工作中的作用等方面的建议。听到政协委员情真意切的发言,能够深切地感到依法治国的脚步渐行渐近。我们有理由相信,昌医生的难题,在不远的将来能够得到圆满的解决。

2015 年 2 月

用法治思维破解高龄农民工"打工困境"

年过半百、甚至年过六旬的高龄农民工,正是应该儿孙绕膝、安享天伦的时候,却不得不出门打工,而且还是在建筑工地从事重体力劳动。想象这样的场景,谁都会心中一痛。

然而这却是真切的事实。近日有报道显示,多地出现六十岁以上的"超龄农民工",在许多建筑工地,甚至是清一色的"老人"。他们从事着与体能不符的重活累活,不得不"每天多吃肉以补充体力"。

是什么让他们上演了这一幕"投杖出门去,同行为辛酸"的现代"垂老别"?想来可能有三个方面的原因。

首先是生计所迫。那篇采访报道中提到,高龄农民工为何年迈还要拼体力外出打工?103名受访的高龄农民工中,绝大多数说"趁着还能干,多赚点儿",他们没有职工养老金,还是家里的顶梁柱。养家糊口的担子沉重地压在他们身上。正如杜甫诗云"不为困穷宁有此,只缘恐惧须转亲",他们中的大多数受教育水平和文化程度所限,只能从事一些低技术重体力劳动。

其次是市场所需。在全面建成小康社会的进程中,社会主义市场经济发展到今天,应当说随着社会的发展和技术的进步,工人的劳动环境和劳动条件已经有了很大的提高,但是不容否认,仍有相当多的行业里面,还有重体力、高强度劳动岗位存在,也不排除一些企业为了降低成本而采用劳动密集的作业方式。可以想象在这过程中,对劳动者合法权益的侵害几乎是如影随形。

其三是代际所困。前几年，全国总工会一项调查显示，新生代农民工与老一代农民工相比呈现出很多不同的特点，他们更加渴望融入城市、实现自我，与此同时，他们中的很多人不再有父辈那样吃苦耐劳的精神，不愿意从事重体力劳动。据《2013年全国农民工监测调查报告》显示：从事建筑业的新生代农民工（1980年以后出生）所占比重大幅下降，不及老一代农民工的一半。这些原因，也在一定程度上造成了老一代农民工"老无所依"，新一代农民工却"未富先懒"的现象。

要破解高龄农民工的生存困境，也可以从两个方面着手。

最要紧的是，用法治思维和法治方式，推动农民工"老有所养"。如果那些高龄农民工没有晚年生存之忧，谁又会去出门打工？去年中央出台政策，实现了城乡居民基本养老保险的并轨，财政部和人社部制定了《城乡养老保险制度衔接暂行办法》，对于促进劳动力的合理流动，健全完善城乡统筹的社会保障体系具有重要意义。但或许由于政策的滞后效应等原因，政策的阳光还没有普照到所有高龄农民工身上。各部门应当采取有效措施，推动政策的落实，让辛苦劳作了一辈子的高龄农民工得以颐养天年。

与此同时，要用市场理念和技术手段，促进企业技术进步，提高收入水平，吸引更多的青年农民工加入劳动大军。政府部门和企业应当联手推动技术进步，改善劳动环境，降低劳动强度，提高薪酬水平，增强吸引力，让这些行业的不论是高龄农民工还是年轻农民工都能够实现有尊严地劳动，体面地生活。

实现以上两个方面，都离不开一个重要的依托——那就是充分发挥工会的作用。各级工会组织应该着力构建和谐劳动关系，在源头参与方面，推动各项涉及职工和农民工权益的法律法规的贯彻落实；在具体工作方面，切实维护职工和农民工的合法权益，解决他们面临的实际问题，同时弘扬劳动光荣的精神，团结带领职工通过劳动创造更加美好的生活。

2015年3月

取消"农民工"称谓重在解决农民工问题

"办好了奥运,算不得最牛;办好了亚运,也算不得牛;只有办好了春运,那才是真正的牛。"前些日子,一向只关注宏观经济的郎咸平教授都发出这般感慨。在这场以"长时间排队购票耐力赛""远距离负重赶车速度赛""蜂拥进站上车争先赛"为主要竞赛项目的"运动会"上,绝大多数选手有着一个共同的身份——农民工。当然,最后的胜出者不是他们。

春运只是农民工问题小小的一个侧面,比起欠薪、职业病、超时加班等问题,"回家"只能算作是小事。到最后不管历尽千辛万苦,大部分农民工都是回去了的——只需要看看春节期间空空如也的城市便可知道。

在农民工问题日益成为社会热点的时候,有些地方试图"从根本上"解决问题:不久前,中原和南方两个大省领导相继提出,取消"农民工"这个带有歧视性的称呼。至于取消之后重新唤个啥名,好像语焉不详。

这让人想起我国自古以来"名正言顺""师出有名"的优良传统,千年以降,凡有做好事,必先起个好名,或者不做好事也得起个好名;若是出兵打仗,更需要找一个"吊民伐罪"的理由。战国时,齐桓公攻打楚国,起因就是楚国名头有些乱套,在周天子那里,楚国领导人只能称"楚子"——行政级别要在"公"以下,而楚国领导却自封为"楚王"——就像个科长自称部长一样,这还了得!但临到了出兵的时候,打出的旗号却成了责怪楚子不贡"包茅"。那仗后来也没有真打,"包茅"倒是拉回了一车。至于这"包茅"到底是个啥,我至今也没有弄明白,大概是包粽子用的茅草吧。

小时候看电影,只看姓名便可分出敌我:我方人员的名头都是响当当的,如李向阳、洪常青之类,而敌方人员则都是"歧视性的",如高铁杆、猪头小队长。打了胜仗,我方叫胜利,敌方叫反扑;打了败仗,我方叫转移,敌方叫溃逃;老打败仗,敌人叫屡战屡败,咱就叫屡败屡战。输得更惨的时候,皇上都被人捉去了,也有个好听的名字叫"北狩"——上北边打猎去了——其实是成了人家的猎物。

谁都明白,无论叫什么名字,除了改变一些感情色彩之外,改变不了任何事实。这些年来在我的记忆中,改得最准确的名称只有一个,就是过去叫嫌疑犯的,如今叫犯罪嫌疑人,这是法治进步的结果。除此而外,大部分只是换汤不换药,新瓶装旧酒,改了称呼而未改实质,过去叫"打工仔""外来妹"的,如今叫成了农民工,并没有改变他们的工作性质和社会地位。如今的农民工,若果如领导所愿改了称呼,只要不改变城乡二元结构,他们的境遇也不会有实质性的变化,"春运"也仍将年复一年地进行。即使把他们称为"神仙工",也不过是比喻他们干活时可以多加班少休息的"超人"工作状态,哪怕称他们为"下凡",也掩盖不了其实就是跳楼的事实。而最近的事实是,声称要取消农民工称呼的那个南方大省,在实行"积分入户"政策时,就基本上将从事一般制造业和服务业的农民工拒之门外。仅学历一项,博士为100分,而大半农民工的初中学历,只值5分。

有"爱国人士"写了篇文章,呼吁抵制"Chinese"这个称呼,原因是在英语里面"-ese"后缀表示"微小的、低等的、不重要的",是对中国人民的轻视。与此类同的还有"Japanese"等。而"-an"才表示"优等的"如"American、German"等。让人读来,和号召取消"农民工"称呼颇有异曲同工之妙。其实,内心的尊敬都不是从称呼上体现的,只要中国的国力和中国人的内心真正强大起来,不管是"Chinese"还是作者所说的"Sinian"都会一样屹立于世界民族之林。同理，只要城乡二元结构得到改变，城乡差别缩小，不管是"农民工"还是"新市民"都会成为地位平等的"中华人民共和国公民"。

2012 年 2 月

对职工的"精神维权"同样重要

日前,浙江省宁波市总工会披露了一份万名职工情绪管理调查报告。报告显示,有超过七成的职工工作状态会受到情绪的影响。而工作时间长度、工作强度、工作乏味性、工作的简单重复性是引起情绪不良、工作倦怠的主要原因。

问及影响工作情绪的主要因素,有61.60%的调查对象选择了"工作环境";选择"人际关系"的为61.27%;选择"身心健康"的为38.43%;选择"家庭生活"的为33.14%。职工经常抱怨的加班,特别是周末加班对多数职工的情绪有较大负面影响——面对这一问题,超过六成的职工表达了"无奈"和"有些不开心"。

在我看来,这首先是一件好事。这项调查本身说明,职工的心理健康或工作情绪受到了重视,而从职工可以"任性"地表达情绪影响来看,至少说明职工对职业的诉求已经开始超越工资社保等经济要求,上升到了精神文化层面。要知道,在温饱问题没有得到解决的时候,工作情绪这样"奢侈"的问题是很难提到桌面上的。当工会和职工开始关注工作时间、工作强度、工作环境、家庭生活的时候,从一个侧面显示我们的社会发展已经上升到了一个新的阶段。

其次,这也是一个提醒和警示。调查结果在某种程度上告诉我们,把职工仅仅当成劳动力,看作人力成本的时代已经过去了,职工的精神、情绪、心理等精神文化权益问题日益凸显。在这种情况下,对职工的"精神维权"同样重要。

就在这项调查前后，媒体还报道了两件与工作环境有关的新闻：一件是深圳某家IT公司的一位青年职工疑因长期加班，猝死在房间的马桶上；另一件是河南某所实验中学的老师辞职了，辞职信写得很简单也很浪漫："世界那么大，我想去看看。"这两件事似乎在从正反两个方面印证本项调查的结果，告诉我们体面劳动、幸福生活是多么不可或缺。

以人为本这一概念隐含着一个不言而喻的命题，就是要把人当作有血有肉、有思想也有情绪的鲜活个体，而不是生产线上的机器。我们不能不思考：工作的目的是什么？生活的意义是什么？如果说，我们辛勤工作是为了幸福生活，那么面对工作中的种种不愉快，确有必要像央视推出的那个街头采访一样，对自己问一句"你幸福吗"？我们知道，"不幸福"的工作状态下也许可以完成工作量，但很难激发创造力。

这项调查实际上给劳动行政部门，工会组织提出了一个课题：如何关注职工的心理健康，维护职工的精神文化权益？不久前，中央出台了《关于构建和谐劳动关系的意见》，提出坚持以人为本，把解决广大职工最关心、最直接、最现实的利益问题，切实维护其根本权益，作为构建和谐劳动关系的根本出发点和落脚点。特别提出要切实保障职工休息休假权利，完善并落实国家关于职工工作时间、全国年节及纪念日假期、带薪年休假等规定，规范企业实行特殊工时制度的审批管理，督促企业依法安排职工休息休假。《意见》对职工的"精神维权"提供了"强心剂"和"定心丸"，得到各地职工和工会干部的盛赞，他们热切期盼这些善政早日落到实处。

事实上，各地工会针对职工情绪管理方面的现状和问题，在职工人文关怀方面已经做了大量工作。例如一些企业在KPI绩效考核的同时，推出了KHI（关键和谐指标）体系，对职工推出心理援助计划等，也取得了显著的成效。可以相信，随着《关于构建和谐劳动关系的意见》逐步落实，通过工会"娘家人"的努力，一个体面劳动、幸福生活、全面发展的时代终将到来。

2015年7月

让乡村教师同享"教育公平"

每年的高考季,总会引发教育公平的话题,但多集中在考生身上,例如地域差别、考场纪律等。前天,一则有关教师的新闻让人眼前一亮。国务院办公厅印发《乡村教师支持计划(2015-2020年)》,要求各地依法依规落实乡村教师工资待遇问题。教育部教师工作司司长许涛表示,在乡村教师的待遇问题中,依法保障乡村教师工资水平不低于当地公务员工资水平是重点之一。

这消息,想必会让无数的乡村教师舒展了眉头,会让社会各界拍手称快。这消息让我们看到了四个大字:教育公平。

教育公平,其实并不是单独针对学生而言的,在某种程度上,教师也需要教育公平,对乡村教师而言,更为需要。

长期以来,乡村教师的形象一直处于"道德高地",而待遇却处在"待遇洼地"。我们看过了太多的歌颂乡村教师的文艺作品和新闻报道,苏联电影《乡村女教师》曾经感动了一代人,国产影片《一个都不能少》也曾让无数观众为之动容,更不消说每年都有获得各种新闻奖的关于乡村教师的报道。我们在被感动的同时,心里也一直怀着一个愿望:他们的境遇什么时候才会改善——哪怕改善到不那么令人感动?

由于城乡二元结构,城里人和乡下人的差别一直以引人注目的方式存在。例如交通事故中城乡生命的"同命不同价",还有高考中城市和农村考生上大学机会的霄壤之别,早已被新闻媒体炒作得耳熟能详。但与此同时,另一个同样巨大的差别却被有意无意地忽视,那就是城市和乡村教师的差别。乡村教师长期以来不仅在生活待遇上比不上城市教师，而且在编制设计、职称评聘等方面也存在差距。例如一些村级教学点规模小、生源少，教师编制短缺；再比如，由于论文、外语等硬条件的约束，乡村教师职称评聘难，存在"隐形天花板"。他们之所以被忽视，一方面是因为他们崇高的奉献与隐忍，另一方面也由于相关部门的无力或无奈。

在乡村教师队伍被忽视的同时，乡村教育问题却在不容忽视地发展。当前，我国乡村教师约有三百三十万人，很多地方面临着"下不去""留不住""教不好"等突出问题。很长一段时间内，在许多乡民的眼里，有办法的去当干部，只有没路子的才去当教师。我曾见过这样一所乡村学校，某年班上学习最差的同学留校当了老师，开始教育同学们的弟妹以至儿女。这样的教育质量可想而知，这样的局面更让人忧心。同时我们也实在无法想象，这些拿着微薄收入、享受着最低待遇的乡村教师，在课堂上会怎样向学生讲述课文中的那些公平与美好？

我们一直在追求教育公平，其实，教育公平应该包括两个方面的目标，一是学生受教育权利的公平，二是教师待遇的公平。很多时候，我们重视了前者而忽视了后者。其实两者是相辅相成的，不难想象，如果乡村教育的待遇水平得以提高，农村能够留得住更多的好老师，还会有那么多的学生打破头也要往城里挤么？在这一意义上，《计划》提出的多个措施，包括全面落实集中连片特困地区乡村教师生活补助政策，并依据学校艰苦边远程度，实行差别化的补助标准，"越往基层、越是艰苦、待遇越高"的导向，让我们看到了公平的曙光。

"师者，所以传道授业解惑也。""国将兴，必贵师而重傅。"实施科教兴国、人才强国战略，离不开一支高素质劳动者大军，造就高素质人才，离不开高素质的教师队伍。很多地方早就喊出了"再穷不能穷教育，再苦不能苦孩子"的口号，现在是该响亮地喊出"再亏不能亏教师"的时候了。《计划》中提出，国家对在乡村学校从教三十年以上的教师，按照有关规定颁发荣誉证书，再次向社会宣示，乡村教育是个崇高而光荣的职业，而《计划》的各项措施，对于振兴农村教育，阻止贫困现象代际传递，将起到"功在当代、利在千秋"的作用。

《计划》已经出台，下一步更重要的在于落实，各相关部门需要及时出台分工实施方案，落实路线图、时间表和责任人，让乡村教师尽快走出"待遇洼地"。

2015 年 7 月

一纸婚书

"国五条"开始实施了,听说此前在一些城市引发了"离婚潮",部分市民为了房产纷纷去领离婚证,媒体上一时汹汹物议,似乎都在说这办法是人皆曰可废的"恶法"。

究竟是什么政策竟能引发家破人离之后果?本来我不怎么关心这事,反正现在还没房。但见其影响如此之巨,不免有几分疑惑,翻出那"五条"来大略看了一下,原来其中有一条规定:"税务、住房城乡建设部门要密切配合,对出售自有住房按规定应征收的个人所得税,通过税收征管、房屋登记等历史信息能核实房屋原值的,应依法严格按转让所得的20%计征。"——大约就是这一条被理解为家里有两套房的,卖房子要收税。所以人们就为了避这交易税而想出了假离婚的对策。

恕我愚钝,没看出其中玄机,照我理解那20%其性质不过是个人收入调节税,似乎不是离婚就避得了的。且尊重那些离婚者的担心,算作是离婚避得了这税吧,那么另一个疑问来了,对一个家庭而言,是房产重要,还是婚姻重要?

或许这疑问本身有些矫情——可以直接回答京城居不大易,房子不是万能的,但没有房子是万万不能的。那些假离者大可振振有词:俺们也无奈,这不是被恶政逼出的下下策么?再说了,手续不过是假的,事实上是离婚而不离家,避税而不避睡。哦,是这样啊,那我的第三个疑问是,您就真的对对方那么放心?——万一其中的一方要趁机就坡下驴,把这假离婚弄假成真,到时候人财两空怎么办?

前两天参加一位朋友的儿子的婚礼，听新郎新娘念念有词地诵读"无论贫穷还是富有，生病还是健康……"的时候，我脑中竟很不厚道地想起了"国五条"。那些如今假离婚（在法律的意义上其实是真离婚）的夫妇，想必当年也曾这样念念有词过。以他们今天为房离婚的果决来看，很难说他们当初不是把婚姻也当作了一次交易。诚然，他们为了减少自家（虽说离婚后法律上就不是自家了）损失出此下策，从经济角度似乎不好过多苛责。他们也可以理直气壮地说，我们互相信任，忠贞不渝，志比铁坚，不在乎一纸婚书。但是，既然您如此忠诚婚姻而不在乎形式，那么当初为什么非要去领那一纸婚书，念那一段誓词？

古时候国家是不管发结婚证的。在蛮荒时代，婚姻根本不是结来的而是抢来的，据说婚字的本意就是昏，黄昏时候，一个部落的人打了火把呼啸而去，从另一部落抢个女人回来，事就成了。当然抢的过程没那么顺利，故易经中有"屯如邅如，乘马班如""泣血涟如"的记载。再往后文明进步，大家都觉得还是谈判更省事些，于是就有了保媒拉纤合八字仪式，在这一意义上，婚姻原本不是男女之间的契约，而是男人对男人的宣言——婚礼就相当于宣布，这女人是我的了，别人不能再抢了去。那时候虽然没有政府颁发结婚证，但是父母之命媒妁之言成就的婚姻，离起来显然困难重重，离婚成功的夫妇，我只认识一个李清照，扳着手指还真的数不出第二个。

当年林冲被刺配沧州时，面临的困难比如今的"国五条"严重得多了，他临行前为娘子前程计写了封休书，意在以免媳妇跟着自己受罪，谁知他媳妇二话不说直接就要上吊。更无须论传说中的孟姜女这类狠角色，试想你要说咱们为了多买套房先弄个假离婚吧，我相信她老人家能把你现在的房子都给哭塌掉——当年的长城都禁不住老娘一哭，何况如今建筑质量不那么靠谱的楼歪歪楼脆脆？

愚以为，一个家庭里最重要的财产不是房产存款，而是你的配偶本人。有了人，什么都可以创造出来。在我看来，结婚就真结，离婚就真离，最好别玩虚的假的，婚姻自由不是让你自由地对付国家的也许不那么完善的政策——政策也不是那么好对付的——这不,北京市落实"国五条"的实施细则出台了,其中有一条:禁止京籍单身人士购买第二套住房。你看,这辛辛苦苦地费半天心力,离婚算是白离了——不管真的假的。那些当初离婚的,现在是不是又该忙不迭去复婚了呢?

早知如此,何必当初?

2015 年 6 月

给我一场"隆中对",还你一个"五丈原"

去古隆中那天,看到路上游人熙熙攘攘,于是和朋友胡乱猜测,我说今天兴许是诸葛亮的生日,朋友说肯定是某个黄道吉日,或许高考在即的考生前去求拜。结果我们都猜错了——那天是中国旅游日,门票免费。这个日子与诸葛亮无关,倒是与徐霞客有关,是他的游记开篇的日子。

襄阳的古隆中和南阳的卧龙岗,我都去过,到现在两家还在为哪里是正宗的诸葛躬耕之地争得不亦乐乎。南阳方面认为,诸葛亮自己都说了,"臣本布衣,躬耕于南阳";而襄阳方面则说,汉代这里才是南阳郡所在,如今的南阳当时还名叫宛城。这段公案当年被胡耀邦同志不偏不倚地裁决:"心在朝廷原无论先主后主,名高天下何必辨襄阳南阳。"

在我的记忆中,这两个地方都不热闹,远比不上近处的少林寺、武当山香火旺盛。

而且,两家争执中,都冷落了一个更为寂寞的地方:五丈原。

从《隆中对》指点江山,到五丈原六军缟素,诸葛亮走完了他的一生,不仅完成了三分天下的功业,实践了对刘家江山"鞠躬尽瘁,死而后已"的承诺,更重要的是,他完成了对自己的人格自证。

从治国理政的角度而言,先生固然居功甚伟,然似乎难称雄图霸业。杜甫对诸葛亮是推崇的,但若上升到"功盖三分国,名成八阵图",或者"伯仲之间见伊吕,指挥若定失萧曹"的"三代下一人"的高度,则更多地让人觉得是一位古代"粉丝"对偶像的崇拜。事实上蜀汉政权在三国之中是最早撑不下去散了摊子的。"蜀中无大将,廖化作先锋"的局面,也恐怕和诸葛先生的选才机制脱不了干系。

单纯从军事智谋来说,《三国志》的史实和《三国演义》的铺陈,以及后来民间近乎神化的传说,也有着相当大的差距。蜀汉军队在诸葛亮指挥下,失败的战例也不少。鲁迅先生认为"刘备长厚而似伪,诸葛多智而近妖",我们也有理由相信,那些精彩的智谋其实是寄托着后人的美好愿望,凝聚着民间的智慧——否则何来"三个臭皮匠,顶个诸葛亮"之说?

但是如果从人格高度来说,诸葛亮显然远远超过了与他同期的所有将帅谋臣,毫无疑义地成为一座俯临万壑的高峰。

面对东汉末年的政治格局,诸葛亮是识时务的。他明白曹操"挟天子而令诸侯,此诚不可与争锋。"而孙权"据有江东,已历三世,此可以为援而不可图也。"也就是说,他清楚地知道曹操与孙权的政治军事实力,更明白如果归附他们中的任何一位,政局会是什么样的走向。我们不妨想象一下:如果诸葛亮投了曹操,以曹操的雄才大略,会不会早一些统一中原?以诸葛亮的忠诚厚重,是不是能够避免后来的"司马昭之心",从而改写晋代那段惨痛的杀戮史?我们不妨再想象一下:如果诸葛亮投了孙权,以孙权"年少万兜鍪"的气概,若能瑜亮合璧,会不会发展出一个南据台湾(史载孙权最早派人登陆夷州)、北至大漠的政权版图?当然,历史是不能假设的。

然而面对这样的格局,诸葛亮又是"不识时务"的。他明白这一切,却毅然选择了兵微将寡的刘备,不为别的,只是为了"明主"对知识分子的一份尊重。"三顾频烦天下计,两朝开济老臣心",事实上,按照时下"水煮"的说法,诸葛亮从来也没有进入过刘关张的董事会,更不曾分得一块钱原始股,但他却为自己的诺言和人格,选择了鞠躬尽瘁。到后来,他清楚地知道"今天下三分,益州疲敝",然而为了"先帝虑汉贼不两立,王业不偏安",仍然不辞劳顿,效命驱驰。至于成败利钝,个人安危生死,均置之度外。用今天的说法,是十足的"给点阳光就灿烂"

的表现。

可是,我宁愿把这看成一场伟大的悲剧。中国申奥时可以说,"给中国一个机会,还世界一个奇迹",普京竞选时可以说,"给我二十年,还你一个强大的俄罗斯",而诸葛亮只能悲壮地说:"给我一场隆中对,还你一个五丈原。"

2012 年 6 月

网络无界

"元芳"的看法

突如其来地,一句莫名其妙的话在微博上莫名其妙地火了起来:"元芳,你怎么看?"

据说这是来自电视剧《狄仁杰》里的一句经典台词,每次在发案现场,神探狄大人都会习惯性地问一句他的随从李元芳"你怎么看"?而元芳的回答也是千篇一律地:"大人,此事定有蹊跷。"

说实在的,我对多年前的那部电视剧已经印象模糊了,更不记得这句神来之笔。现在它被人翻出来,给我的感觉基本类同于再次挖出了曹操墓。

当这句"神话"在微博上流行起来的时候,我立刻像元芳一样觉得"此事定有蹊跷"——我想起了前两年在网络上流行的另一句话:"贾君鹏,你妈喊你回家吃饭!"后者,被证实是一次网络营销行为。

自从有了微博,网民的生活就基本进入了"碎片化"时代,每天"早朝""晚朝""批阅奏章",甚至没有耐心把一篇稍长的文章看完。把文章写短是个考验功夫的营生,微博上的那些名人大 V 们,要想在一百四十字的长度内充分吸引眼球,显然有一定难度。所以他们除了内容要尽量耸人听闻之外,在词句组织上也要别出心裁才是。就像是前些年片子导得没什么个性的导演拼命把自己的头发胡子整得"有个性"一样,一些看来是错别字的"热词"竞相出笼:"童鞋、妹纸、有木有、帅锅、稀饭、灰常多"。我真不知道哪天它们若是流行起来,小学语文老师的饭碗还保不保得住。不久以前忍无可忍取消关注了一位在微博上呼风唤雨的大佬，不为别的，只是看他年纪一大把，却每天奶声奶气地在微博上发嗲："童鞋们，稀饭不稀饭？俺赶脚着，表鸡冻成酱紫嘛！"活像一个为老不尊、彩衣娱亲的老莱子。每次看他老人家微博，都要起一身鸡皮疙瘩，早饭都想吐出来。

想出名的人不会放弃任何一次有可能出名的机会。前些日子北京地铁运行调试，不知哪个家伙脑袋搭错了弦，整个线路所有的显示屏都出现了一句话："王鹏你妹"。正当人们把这次轻微的事故当作一个笑话看的时候，还真有个名叫王鹏的律师居然煞有介事地把地铁公司告上了法庭，说是侵犯了他的名誉权。还好法院没有受理，原因是他不能证明那"王鹏"特指的就是他本人。不过官司尽管没有打，王律师却也赢了——知名度大为提高，下次再代理案件，费用会大涨一截子也说不定。

网络上的营销大师们，被称为推手的，曾经制造过一个又一个的话题，早几年的"天仙妹妹""别针换别墅"事件，后来的"犀利哥"等等，现在看来还算是厚道的，不过盯着网民的眼球与钱包，后来的网络红人木子美、流氓燕、凤姐则开始公开挑衅人们的道德底线，到如今一些大V公然造假已到了脸不红心不跳的程度。和推手对应的另一个词叫消费，他们制造一个话题、一个事件的背后，推出的是某些产品和某种利益，而我们网民，则被他们"消费"了，被消费掉的不只是我们的注意力和金钱，很多时候，这些大师还在毫不客气地消费我们的爱心。前些日子白血病女孩"鲁若晴"事件的背后，据说就可以看到网络推手的影子。起初我对此类事件还是捐过几次钱的，到现在却变得小心狐疑——不是我不信任红十字，只是不知道会不会碰上郭美美。

相比之下，我觉得"元芳"和前些年的"贾君鹏"一样还算是个老实人，至少现在还没有看到明显的利益相关方。但我依然认为，在网络这个虚拟的社会，任何一个事件都不会空穴来风，好在经过这么多年风雨的网民，也已经不那么容易被忽悠了。出来混，迟早要还的，就在此文收笔之时，名人加藤嘉一先生刚被揭露学历造假，正在网上发谢罪声明呢。

我想，哪天如果狄仁杰像问元芳一样问我"你怎么看"的话，我一定回答他："大人，此事定有蹊跷。幕后凶手不是贾君鹏他妈，就是王鹏他妹！"

2012 年 11 月

瘦狗诉古狗

最近，一个叫作"词库门"的事件闹得挺凶。因为涉及国内网络巨头搜狐和全球搜索巨头谷歌，就多留意了几眼。似乎最新的进展是谷歌的公开致歉，承认侵犯了对方的知识产权，而另一方却似乎并不买账，相反却正准备打一场深层次专利侵权的跨国官司。搜狐总裁张朝阳表示"一个简单的道歉不能解决问题"。

从法律上讲，谁都有打官司的自由，只要你有站得住脚的理由。可这件事让我看来，总觉得不知什么地方有那么一点不爽。

谷歌，我们原来一直称之为"古狗"的，不知哪个穷酸师爷为了中国化，起了这么个俗不可耐的中文名字。

搜狗也不是什么好东东，这个名字其实是抄来的，早在冯小刚电影《大腕》里，就有一个"搜狗网"出现的镜头，本是冯导他们编出来的，电影里还有专人向葛优说明："他们搜狐我们搜狗，各搜各的。"不知从什么时候，这个子虚乌有的搜狗竟归并到了搜狐名下。不过从"出身"看，活活一条先天不足后天又没有养肥的"瘦狗"。

再进一步探究，这搜狐其实出身也不清白，有些"狐假虎威"的味道。早年搜狐的英文名叫做"sohoo"明显地抄袭"yahoo"雅虎。可能其本意是想做中国的雅虎的，不知是不是对方提起了诉讼，才改为这个不伦不类的搜狐，你想想，一只狐狸，会搜些什么？即使真正搜到还不自己藏起来，岂肯奉献给人？

如今山中无老虎狐狸做大王，还网罗了一批狗仔队。现在打起了

"狗咬狗"的官司,除了搞笑之外,总让人觉得有点不对劲。仿佛当年的三陪人员如今喊扫黄打非。当然,他们有这样的权利。

谈不拢就打吧,谁怕谁呀。

2007年5月

当苹果来到东土大唐

苹果作为一种植物果实,显然并不是中国果园的土特产。在我的印象中,它最早似乎是种在伊甸园里,正宗的西方产品。而且据《圣经》里说,那条蛇就是引诱亚当和夏娃这一对男女吃了这果子,然后才发生了作风问题,从而被上帝赶出园子,从天上打到人间。可见苹果这东西一向就是诱使人犯错误的。

苹果作为一种高科技产品,也并不是中国的发明,在我们还只能买得起四袋苹果的时候,苹果四代已然让很多人趋之若鹜。这个除了不太像个手机以外可以像任何产品的东西,让人没法不感叹乔布斯的天才,他根本不管大众需求什么,而是自己创造一种模式,让大众去需求、去追捧。

现在,问题来了。据报道,苹果公司日前公布了《2011年供应商责任进展报告》,该报道称,2010年苹果公司发现有37家供应商存在严重违规行为,远多于2009年的17家;位于苏州的一家供应商有137名供应商正己烷中毒。

可以预料的是,相关部门会有一系列的整改措施出台,也不排除大洋彼岸少数"消费行动主义"分子会跳出来,再次倡导消费理性,抵制来自"血汗工厂"的产品,或是把公平贸易运动从咖啡业扩展到电子领域,利用自己的消费影响力,把一项经济行为上升到政治和社会行为。当然更不排除大洋此岸的一些团体会挺身而出追究苹果公司的责任,现在"毒苹果"的名称已牢牢地扣在了他们头上。再下一步,提出诉讼、赔偿也未可知。

但是且慢，为什么苹果公司这次的"家丑"竟然是由他们自己提供的"责任报告"披露出来的，而不是出自我们当地的监管部门？正己烷那刺鼻的味道，怎么说也是应该先飘到厂里的工会、市里的劳动监察等部门，才能让美国人的洋鼻子闻到的啊。同样的事件，要出在苹果的老家美国，会闹出多大的乱子来，我们不太好预测；但是出在咱这里，我们会把它"摆平"到什么程度，几乎也是不用猜测的，那五十多名倒霉的员工不就拿了少许赔偿离职了事么。古人可能没有吃过苹果，所以只好拿橘子打比方，橘生淮南则为橘，生于淮北则为枳，完全是水土不服的缘故。当苹果不远万里来到东土大唐，会发生某些变味，在一些人看来，那简直是理所当然的事情。

但是我们不能这么看。依那有害溶剂正己烷的名称，对于那些负有监管责任的有关部门来说，先别忙着把责任推给人家苹果公司，还是应当先行"正己"的好。否则家丑由外人来扬所造成的"家丑外扬"，于人于己面子上都不太好看。所以下次遇到同样的事件，我希望是由咱们的有关部门先行披露、严加查处，直搞得他们洋人脸上无光，才够扬眉吐气。当然如果能采取得力措施，从根本上杜绝此类事件发生，免了洋鬼子的聒噪，更是生民甚幸至哉。

2011 年 2 月

夏洛的网

威伯是一头猪，住在祖克曼先生家的谷仓里。和他做伴的，还有一群快乐的动物。

虽说威伯出生时很瘦弱，以至于险些被主人杀死，但被卖到祖克曼家里后，他长得还算茁壮。话说终于有一天，威伯不可避免地得知了自己的结局：他是一只"春猪"，将在圣诞节被杀掉，做成腌肉和火腿。面对所有猪的命运，威伯哭得惊天动地，他不想死。

灰蜘蛛夏洛决定救他一命。夏洛是个"网络高手"，很早就学会了上网——事实上他生来就会。他充分运用网络的力量，费了一番功夫，在网上织出"好猪"二字。祖克曼太太发现之后，马上视为神迹，认定他们家拥有了一头非同凡响的猪。这消息一传十、十传百地传遍了乡邻，大家纷纷来参观这头神奇的猪。尽管祖克曼先生起初觉得不过是家里有一只非同凡响的蜘蛛而已，但随着事态影响的扩大，特别是教堂的神父断定这蜘蛛网上的字说明，"人类必须时刻准备去观察神迹的出现"之后，加上夏洛又适时在网上再次织出了"很棒"一词，祖克曼先生也很快转变了看法，认定自家出了一头"小猪里的战斗猪"并为此洋洋自得。威伯的生活境遇因此大为好转。

威伯出名了，但仅有这些还不足以保住他的性命。网上还需要有更多的赞美之词。识字不多的夏洛请来老鼠谈波顿帮忙，而自私的谈波顿并不在乎一只猪生死，老羊利用他的自私打动了他——如果威伯死了，猪食槽里就不再有食物，谈波顿也会饿肚子。于是老鼠同意去垃圾堆里翻拣杂志，先后拖回来"脆生生"（足以把威伯做成烤乳猪）和"缩水"等词，大家开会讨论，最后选定了"闪光"一词。"神迹"再现，威伯的身价立刻再次大涨，祖克曼先生决定带他去参加镇上的农业展览会。夏洛和谈波顿也偷偷钻进拉猪的箱子跟到镇上——当然谈波顿主要是为了去城里蹭吃喝的。在评奖的关键时刻，夏洛拼了老命在网上再次织出"谦恭"一词，引起全镇轰动，威伯获得了奖牌和奖金，从此成为"不死金猪"。

最后，鞠躬尽瘁的夏洛死了，浪得虚名的威伯没心没肺地活着。

写到这里想必大家知道了，这是美国童话作家怀特的作品《夏洛的网》，个中情节曲折生动，简直可以拍出一部堪比《拯救大兵瑞恩》的影片《拯救小猪威伯》，再不济也能拍一部类似于《小鸡快跑》的动画片。但，如同小时候听完故事总喜欢问一句"后来呢"？我至今仍然在想：那只猪的命运，后来怎样了？

按照作者说的，威伯自然从此过上了无忧无虑、没心没肺的生活。但我一直觉得似乎没那么简单，特别是进入21世纪，真的进入网络时代之后，这事更让人生疑。列位看官且慢联想，更不需对号入座，下面我想说的，不过是一种网络现象。比尔·盖茨说过，在网上没有人知道你是一条狗，当然同样也没有人知道你是一只猪，哪怕是特立独行的猪。只是在这个时代，网上更容易包装和炒作出更多的"好猪"威伯，当然，同样需要蜘蛛和老鼠的帮忙。老鼠还是原来的老鼠，它肯去翻垃圾堆完全不是为了猪的前途，而是自己的食物。蜘蛛却不再是充满爱心的夏洛，而变成了一种凤凰、鸳鸯并列为同类雌雄结合物——俗称为"公蜘"。他在网上以猪的名义织出更多、更耸人听闻的文字，为的却是自己现实的利益。

这故事接下去想来应是这样的：某些祖克曼先生的邻居怀疑过这一切，但是镇上举办的农业展览会已经落幕，大赛组委会显然不肯承认自己评选出的只是一头普通的猪，这关系到他们的权威；谈波顿也断不肯承认曾经替猪作弊，这关系到他的食物；主人祖克曼先生更不会认账，这关系到他的声誉。所以，在质疑声中，小猪（如今已是大猪了）威伯尽管既不会"闪光"也不懂得"谦恭"，却一直坚强地活着，成了"猪坚强"。

这么看来，作者怀特先生写的简直不是童话，而是寓言。

而现实既不是寓言，也不是童话。

2012 年 12 月

不团圆的中秋节

古今中外,都有些节日是莫名其妙、名实不符的。先说那美国的感恩节,来历是英国清教徒们远涉重洋,来到美国东海岸,当时什么吃的也没有,只有遍地跑的火鸡,他们就靠吃火鸡度过了一段艰难的日子。从此,每年的11月第四个星期四,他们都要吃一顿火鸡来感谢上帝的恩赐。据说这个节日还是林肯规定的。本来是火鸡舍己为人救了他们的命,谁知以后他们却要大吃救命恩鸡来庆祝自己福大命大,于是有人称之为"忘恩负义的感恩节"。

相比之下,中国的寒食节人情味就浓得多了,晋文公当权后,想邀请当年患难兄弟介子推一道共享富贵,但介子推不给面子躲进介山,也就是今天的旅游胜地绵山。晋文公不知听了谁的策划,采用了个馊招:放火烧山,想用这个办法逼介子推出来——内心想把他烧死也说不定。介子推坚持说不出来就不出来——也许是根本就出不来,最后烧死在山中。晋文公很后悔,就规定放火那天,全国的百姓连灯也不准点,只准吃冷饭。再后来,就发展成了寒食节。故有诗云:"春城无处不飞花,寒食东风御柳斜。日暮汉宫传蜡烛,轻烟散入五侯家。"

最热闹的还是中秋,千家万户以此节日来庆祝团圆,庆祝不着的也歌颂一下,或者发一番惆怅,如"人有悲欢离合,月有阴晴圆缺,此事古难全。"或者"斫去桂婆娑,人道是清光更多。"但仔细想来,中秋和团圆实在没有太紧密的关系,相反,倒很可能是个不团圆的节日。

先说那嫦娥,和老公后羿闹了家庭矛盾,也不知后羿有没有使用家庭暴力，反正后果是嫦娥喝了农药离家出走。谁知伪劣产品古已有之，喝完农药不仅没死，还晕乎乎轻飘飘地上了月球，但古时的航天技术不过关，只有登月舱没有设计返回舱，嫦娥有钱也买不到回程票，只好在月球上住下去。后羿手中倒是有导弹的，他曾把太阳打下来九个，吃了许多天乌鸦肉炸酱面。但他终究没有对月球发射导弹，大约是怕误伤了自家老婆，或者干脆就想让那婆娘在上面待着，落个耳根清净。

再说那吴刚，据说原来是哪个道术训练班的学员，后来不知为什么得罪了领导，被调换工作岗位去做伐木工人。领导对他说，你把月亮上那棵桂树砍来帮我打套家具，就可以让你重新坐办公室。但他怎么也砍不动那桂树一分，不为别的，原来领导给他发了一把橡皮斧头。树砍不动，月宫里倒是有美女可看，但他也没有本事搞到手——这么多年月宫没有增加人口便是明证。吴刚毕竟不像领导干部有这方面的天赋，要是西门大官人，可能几个都搞到了。

月兔本是月球上的原住民，就像乌鸦是太阳上的原住民一样，住得好好的来了一伙外星人，兔儿爷又打不过人家，只好每天磕头捣蒜，求他们不要砍伐树木，破坏生态环境——生态环境已经够差了，除了仅有的一棵树，就是大量的岩石和环形山，连空气也没有。

这三样人物都和团圆没有关系。那么就剩一样了，月饼。咱们的节日大多是借节而吃，这月饼就是中秋节的唯一指定食品。可它的来历原本是元朝末年，汉族人民在饼中传信，约定八月十五起义，故有"八月十五杀鞑子"一说。如果蒙古族人民真的信了这个传说，那是一定要把饼丢在地上踩个稀烂的。就月饼来历而言，如果真是起义发动，刀枪骤起，不知多少家妻离子散，家破人亡，还谈得上什么团圆？

中秋不是个团圆的节日，但的确是个怀念的节日。谢庄《月赋》写道："美人远离兮音尘绝，隔千里兮共明月。临风叹兮怎能止，水路长兮不可越。"吟得满座动容，曹植还起身送了他一块玉璧——比月饼值钱多了。

2007年9月

怀念绅士风度

早在雷锋还没有出生以前，奥运赛场上已出现了一位"学雷锋"的选手。首届奥运会自行车赛，法国选手弗拉明一路领先，把第二名甩下好几圈。可是骑着骑着他突然发现希腊人科列蒂斯的赛车坏了，于是这位老兄停下来，帮对手修好了赛车才继续登程，最牛的是，即使如此他还是一举夺冠。

还有一位绅士让我们难忘：在1928年阿姆斯特丹奥运会上，出身三代划艇世家的澳大利亚划艇选手皮尔斯，在预赛中出人意料地遇上了一群鸭子，而这位老兄更出人意料地停下了桨，居然等鸭子大摇大摆地游过去后才继续比赛，即便如此他仍顺利晋级决赛，并且在决赛中以超出第二名近十秒的成绩夺得冠军。

都知道这种事件在现在的奥运会中很难再现了，但这种绅士风度却让我们不时怀念。

如今的奥运会，别指望赛道上还会出现鸭子什么的，严密的安保甚至连只苍蝇也飞不进赛场。如果真有不要命的鸭子胆敢"闯关"，那被打去做了烤鸭的命运几乎是一定的。就像早期的奥运会，飞碟射击的"前身"原先是射击鸽子一样，在取得成绩的同时还可能吃得上烧乳鸽。但我们选手与观众的绅士风度，再没有地方表现了吗？

也未必，在赛场上，碰撞摔倒之后站起来，互相拍拍对方的肩膀相视一笑；在观众席上，为非本国运动员的精彩表现而喝彩的镜头，我们还是时常可以看到，这种景象出现时，总让我们心中一暖。但也要承认，可能更多的时候，是摔倒后爬起来怒目而视甚至恶语相向，在观看中看到自家进球大声欢呼，对方进球时则嘘声四起。

开奥运会是来干什么的？显然是来争胜负的，要不然各国花这么多钱费这么多时间干吗。比赛中的胜负心也是天经地义的事，当年王义夫坐着轮椅被抬上飞机，在昏厥得眼前一片漆黑的情况下，凭着感觉打出一枪赢得银牌的壮举也教人喟叹不已。但我们还是要说，奥运会本是一场和平运动，胜负心太重有时反而会影响正常水平的发挥，例如本次杜丽、朱启南"痛失"金牌很可能就有这方面的因素。

为自己自豪也为对手喝彩，为自己人欢呼也为对方选手鼓掌，这才是绅士应有的风度。所以，请在中国运动员出现在比赛现场时，为他们打气助威、为他们取得的成绩而骄傲，但同时，也为其他国家运动员的出场、比赛而欢呼鼓劲，为他们的精彩表演和胜利而激情鼓掌吧。这样的奥运会才更有味道。

2008 年 8 月

珍藏一份工业记忆

进入位于铁西区的中国工业博物馆，立刻感受到了《咱们工人有力量》的氛围："咱们的脸上发红光，咱们的汗水往下淌"——那天的沈阳也确实有些热。在馆内发现只有我们这一拨游客，相比刚才到过的张氏大帅府里游人如织的景象，不由生出几分感慨。也难怪，我提出参观要求时，几位当地朋友居然不知道有这个博物馆。

博物馆所在的地点有点意思，叫卫工街。一座外形如基石的馆内，浓缩了中国工业的进程。这里有中国第一辆汽车，叫民生牌，是张学良在兵工厂里造出来的——只造了这么一辆。在机床馆，有从最原始的皮带车床到最先进的加工中心在内的各式机床，自小在工厂长大、大学又学习机械专业的我，看到当年"十八罗汉"（全国十八家骨干机床厂）鲜明的时代印记，一股熟悉的亲切感扑面而来。铸造馆本身就是由当年的铸造厂翻砂车间改造而成，冲天炉内，似乎还留着昨日的铁流烈焰，看到世界最大的立车横梁铸件（重115吨）、世界最大口径的铸管（直径2.2米）、世界最大的超高压断路器壳体（铝合金铸件、重2吨）等大工业作品，让人不由赞叹工业文明的力量。在工人记忆墙边，通过"三工"查询系统，一个个劳模和职工的名字，好像在和游客面对面进行交流，让人回想起父辈的那个年代。

每件藏品都有一个故事，在新中国第一枚国徽展台前，我们才知道，1950年确定了中华人民共和国国徽图案后，由于时间紧迫，那一年的国庆节天安门城楼上悬挂的是一枚应急的木质国徽。国家把制作金属国徽的任务交给了沈阳第一机器厂,在当时的技术条件下,工人们加班加点,夜以继日反复试验,闯过了从模具制作到最后浇铸的一道道技术难关,终于提前完成了任务。还有那"十万把军镐"的故事,后方工人的汗水和前方将士的鲜血,凝成了抗美援朝的铁血画卷。

　　参观完毕出得馆来,思绪仿佛还在神游过去那个"火红的年代"。看到眼前面目一新的铁西区,突然悟道,能够珍藏一份工业记忆,对一个城市乃至一个国家,都是一件非常有意义的事情。不夸张地说,新中国六十余年的历程,其实就是工业化的历程,这过程中凝聚了工人的汗水和奉献。在改革的过程中,又是工人承担了改革的阵痛,做出了巨大的牺牲。当我们今天回忆起"下岗分流""主辅分离""改制重组"这些昔日名词的时候,不知还有多少人能想起当年的艰辛,眼前的铁西区,当年曾被称作"中国最大的度假村"——工人大部分下岗放假了。正是他们的坚忍和奉献支持了改革,才有了今天高楼林立、活力勃发的新铁西、新沈阳。推而广之,我们的国家又何尝不是如此?

　　历史不应该被忘记,为历史做出贡献的工人更应该被铭记。但遗憾的是,目前我们的工业记忆实在太少,而且远没有引起应有的重视,比如时下关于工人的歌曲、影视、文学作品少之又少便是例证。一如城市建设中的热衷于拆旧建新,不惜毁掉历史记忆一般,在产业升级的旗号下,大量的工业遗产也被弃如敝屣。我的同事曾出过一本名为《锈迹》的书,寻访中国工业遗产,其结果颇不乐观。我也曾去过798,那里已被艺术处理得和工厂、工业、工人没什么关系了。在短视的利益面前,即使著名如梁林故居,尚且挡不住挖掘机的履带,在高谈阔论"后工业时代""虚拟经济"的今天,又有谁,会珍视那一坨坨的"废铜烂铁"?

　　然而,文明是需要传承的。对我们来说,工业时代远没有成为过去式,由工业大国向工业强国进军,从"中国制造"迈向"中国创造"还需要破解更多的难题,在这过程中,更需要发扬过去那个年代的创造精神和劳动热情。从这一角度理解，珍藏一份工业记忆，对于在今后的发展历程中启迪我们的未来，有着重要的现实意义。

让我们且行且珍惜。

戒了微博，看书去

我准备做一个艰难的决定：戒了微博，看书去。

起这个念头是因为王蒙老先生的一段话。他在北京图书节上说："微博等新媒体传播信息的力量越来越大，很多信息影响力从表面看超过了文学，增加了公众参与性。但也存在弊端，新媒体传递的信息具有浮躁性和浅薄性，有的甚至千篇一律，没有深度，没有经典。"最伤人的是这句话："我们不能满足于网上的一般性阅读，不能用海量浏览代替深度阅读，否则大家都会变成看似聪明的白痴。"

说实在的，起初我没怎么在意这段话。在网上没有微博，微博没有造就众多热点话题和"意见领袖"之前，王蒙老先生就是最大的大V，一时风头无两。而且他老人家显然还是乐于接受新鲜事物的人，据说郭敬明就是他亲自给提携进作协的。如今居然也对新媒体有点心理不平衡了，可见网络如此深刻地改变了人们的生活，改变了阅读方式和文学形态。

但是突然，我认真回想了一下——有多长时间没有完整地看过一本书了？想过之后自己吓了一跳：在相当长的一段时间里，"网络快餐"竟然成了我的主要精神食品和信息源。

有了微博之后，原来流行于演艺界的一个词被移植到了网上，名曰粉丝。网上的大V们都是拥粉自重的，比如薛蛮子就常把他的987万粉丝挂在嘴边。据说这粉丝也可以在现实世界里用山东龙口粉丝差不多的价格买得到,但是毕竟粉与不粉、粉多与粉少效果大不一样,哪怕是僵尸粉也聊胜于无。客观上,这"粉"让大V们尝到了另一种"粉"的味道——就像是吸了白粉一样上瘾。这样你就可以理解为什么有人在看守所里还对粉丝数量夸夸其谈,另一位网络推手进去了还试图帮警察"策划"些活动。薛蛮子讲过,每天阅览微博的时候,有一种皇帝上朝的感觉,批阅奏章,天下尽览于我。虽然他被捉进去的案由有点丢人,但这话说得还是很实在的。在微博上,我也曾有一段日子,早上起床摸手机先看微博,晚上要看完当天的微博才去睡觉。

之所以对微博萌生退意,是因为慢慢地发现这地方戾气太重。每天有太多的人"讲道理"而没几个人"讲事实",说实在的,要用一百四十个字讲清楚一个道理是件很不容易的事,最成功的案例除了一部《论语》还真不太好找第二个。那些个大师们没有孔子的境界,也不屑于费那个劲,他们专注于把道理讲成歪理,所以难怪那几个专煲心灵鸡汤的让人闻起来一股孟婆汤的味道。更有那些等而下之的,干起了吸引眼球微博营销的勾当,甚至翻弄起了谣言,声称要"谣翻中国",奇怪的是,当时竟有人挺之为"遥遥领先预言"。及至今日,他们终于谣翻了自己,网上整肃谣言之际,还不时能听到几声挨过打之后夹着怨气的呜咽。即使如此,现在网上仍能看到网络水军横冲直撞,打开微博,也常能感到负能量扑面而来。在我看来,这是不把网络新媒体打造成一个垃圾场誓不罢休的节奏。

有一天,偶然翻起一本《氢的传奇》,竟然看得津津有味,而这不过是一本中学生课外读物级别的著作。再看看自己一时冲动买回来,却丢在墙角桌下、有些连包装都没拆开的大批书籍,顿时悔从中来。过去大好的时间,基本上算是喂了狗了。

归去来兮,脑袋将芜胡不归。生也有涯,知也无涯,把有限的生命消耗于没完没了的、没什么营养的此类新媒体,就像沉迷于网络游戏一样的无趣。

我先下了,你们玩好。

2013年12月